Flavio Mateos

AVATAR

y el cine gnóstico anticristiano de
James Cameron

Ediciones
REACCIÓN

2022

AVATAR

Ediciones Reacción

KDP

Copyright © Flavio Mateos 2022

Argentina.

ISBN: 9798361797172

1ra. Edición – Noviembre de 2022

ww.edicionesreaccion.blogspot.com

Este libro no puede reproducirse, total o parcialmente, por ningún método gráfico, electrónico o mecánico, incluyendo los sistemas de fotocopia, registro magnetofónico o de almacenamiento y alimentación de datos, sin expreso consentimiento del editor.

Ediciones REACCIÓN

"*El catolicismo es el antro de la reacción*"

(Nicolás Gómez Dávila)

CONTENIDO

PRÓLOGO CARNÍVORO 7
INTRODUCCIÓN 17
ARGUMENTO DE "AVATAR" 18
RESUMEN: "AVATAR ES LA PUESTA EN ESCENA DE LA FALSA TRADICION GNOSTICA QUE SIGUEN LOS MASONES 19
SÍMBOLOS GNÓSTICOS 20
EL GNOSTICISMO DE LA CÁBALA JUDÍA 27
PANTEÍSMO SUTIL 28
NEW AGE 31
ERA DE ACUARIO 35
FEMINISMO 37
CARISMATISMO 40
ECOLOGISMO PAGANO / INDIGENISMO 41
REENCARNACIÓN 47
LA NATURALEZA VENCE A LA GRACIA 49
LOS DOS ÁRBOLES (O LO CONTRARIO DE *APOCALYPTO*) 51
MESIANISMO CARNAL 54
LOS DERECHOS DEL RITUAL 57
OTROS DETALLES 60
LAS CRÍTICAS 65
SALIDA 72
ANEXO I AVATAR "CON ESCENAS NUNCA VISTAS" 75

ANEXO II "CON PASIÓN Y A LOS GRITOS" 81
DE PSEUDOPROFETAS ANTICATÓLICOS: JAMES CAMERON 89
   TERMINATOR 92
   ALIENS Y *EL ABISMO* 94
   TITANIC 94
EL TITANIC VUELVE A HUNDIRSE 101
TEILHARD, CAMERON Y FARETTA 115
AVATARES DE FARETTA 123

PRÓLOGO CARNÍVORO

"Sin embargo, el Espíritu dice claramente que en posteriores tiempos habrá quienes apostatarán de la fe, prestando oídos a espíritus de engaño y a doctrinas de demonios".

I Tim. 4, 1.

"Porque vendrá el tiempo en que no soportarán mas la sana doctrina, antes bien con prurito de oír se amontonarán maestros con arreglo a sus concupiscencias. Apartarán de la verdad el oído, pero se volverán a las fábulas".

II Tom. 4, 3-4.

"Diciendo ser sabios, se tornaron necios, y trocaron la gloria del Dios incorruptible en imágenes que representan al hombre corruptible, aves, cuadrúpedos y reptiles".

Rom I, 22-23.

Por si hiciera falta, desde su página web oficial, la producción de "Avatar" hace esta su confesión gnóstica: *"La humanidad está en una encrucijada. Pero el conocimiento nos salvará. En la búsqueda de la esperanza, todos somos exploradores"* (https://www.avatar.com/about). La película "Avatar" se estrenó en el ya muy lejano año 2010, en medio de una avalancha publicitaria jamás vista en la historia del cine, con excepción de "Titanic", también de Cameron. Desde entonces, desde hace doce años en que escribimos el trabajo que presentamos ahora, muchas cosas han pasado, pero, sobre todo, vista la película retrospectivamente, podemos afirmar que la agenda de la cual la película hace parte, se ha acelerado y ha avanzado a pasos de gigante. También se nos ha vuelto más explícita. Para aportar a esa agenda, en septiembre de este 2022 se reestrenó el filme, como anticipo del próximo estreno en diciembre de la primera secuela de "Avatar", llamada "El camino del agua".

Hace cincuenta años se había lanzado un informe titulado "Los límites del crecimiento", encargado por diversos organismos internacionales, que introducía la idea del "desarrollo sustentable" por lo que se hacía necesario tutelar a las naciones para que cumpliesen el plan de "equilibrio" mediante el "control" poblacional y diversas medidas de mantenimiento del ecosistema. Estas iniciativas fueron depurándose y extendiéndose, hasta llegar a la "Agenda 2021". Se imponían sobre los países en desarrollo regulaciones y controles restrictivos que los perjudicaban, amparados en informes científicos que no eran en verdad sino manipulaciones en pro de la Agenda. No pudiendo cumplirse los objetivos, esa agenda pasó a llamarse ahora "Agenda 2030". La Organización de las Naciones Unidas junto con el Foro Económico Mundial (también conocido como Foro de Davos) son los agentes principales de implementar este proyecto que pretende conducirnos hacia el "Gran Reinicio", para lo cual colocan en los gobiernos de las democracias occidentales a los hombres que ellos manipulan para que dócilmente colaboren en el cumplimiento de los objetivos de esa agenda. El 13 de junio de 2019 los superiores de ambas organizaciones internacionalistas firmaron un Memorando de entendimiento sobre una asociación estratégica entre ambos organismos, para "acelerar conjuntamente la implementación de la Agenda 2030" (tal como informa el comunicado oficial de la ONU). Señalamos en nuestro blog "Agenda Fátima" la llamativa coincidencia entre esa fecha y la fecha en que la Sma. Virgen de Fátima pidió a la Hermana Lucía la consagración de Rusia, en 1929. Muy pocos meses después de la firma de ese acuerdo globalista, se iniciaba la famosa "pandemia de coronavirus".

La Agenda se presenta como "un plan de acción para las personas, el planeta y la prosperidad que busca fortalecer la paz universal". Detrás de las cuestiones como "la protección del medio ambiente" o la "erradicación de la pobreza", se imponen políticas de reducción de la población como el aborto, la ideología de género, la eutanasia, los medicamentos nocivos a raíz de las pandemias, etc. Todo esto bajos los eufemismos de "salud reproductiva" e "igualdad de oportunidades". De manera pseudoreligiosa, se introduce un lenguaje y una mentalidad eco-panteístas, y se destierra por "totalitaria" toda alusión a una verdad objetiva que atentaría contra el diálogo y el encuentro. Todo dogma religioso es antidemocrático.

Y bien, la Agenda utópica que conduciría al reinado del Anticristo, no puede sino contar como herramienta fundamental con todos los medios masivos de difusión, y muy particularmente del cine, cuyo poder de transmisión de estas ideas es insuperable.

El cine moderno, digamos de los últimos cuarenta años, ha venido mostrándose cada vez más como un instrumento de invasión mundial de las agendas de la élite globalista. Esto se ve también más claramente en la entrega de los premios, por ej. los Oscars, o en la "cultura de la cancelación" y el "wokismo". No puede alguien ser parte del show-business sin ser políticamente correcto y comprometerse con la "Agenda".

Es cierto, y hay que decirlo, que el cine desde sus comienzos ha servido de vehículo de propaganda, no sólo política, sino de una mentalidad gnóstica y neo-pagana que, en medio de una sociedad aún conservadora de ciertos valores heredados de la cristiandad, pasaba un tanto desapercibida. Pero esto no comenzó con el cine, sino que éste recibió también la influencia de la literatura inficionada de gnosticismo, particularmente del Romanticismo, que dominó casi todo el panorama de la representación simbólica en la modernidad.

Lo decía bien Jacques Rivière: "Es con el Romanticismo solamente que el acto literario comenzó a ser concebido como una suerte de tentativa sobre el absoluto y su resultado como una revelación; la literatura recogió en ese momento la herencia de la religión y se organizó sobre el modelo de aquello que reemplazaba, el escritor es devenido sacerdote; todos sus gestos no han tendido más que a llevar en esa hostia que era la obra, la "presencia real". Toda la literatura del siglo XIX es una vasta encantación hacia el milagro". Tras lo cual agrega Michel Carrouges, quien lo cita en su libro *La mystique du surhomme*, Librairie Gallimard, Paris, 1948: "Sí, está ahí la esencia de la literatura moderna. No se puede llevar sobre ella ningún juicio válido si no se comprende que ella es ante todo la aventura de un movimiento mágico-místico rival de la religión. Es absurdo juzgarla como se hace aun a menudo desde el punto de vista de la estética clásica, porque es derisorio meter en ese lecho de Procusto una literatura que sobrepasa completamente las esferas de la estética y de la cotidianeidad para entrar en el domino de lo fantástico y de lo supra-natural".

Es esa una clave para entender *Avatar*. No se trata, por otro lado, pura y simplemente de un retorno al mito, como pretende una corriente crítica esotérica (supuestamente católica) que apoya esta obra y a la cual decorticamos en sus múltiples errores en algunos de nuestros libros. Los temas gnósticos van a la par de la agenda que quienes mueven los hilos del poder global (masonería, think thanks globalistas) intentan imponer en un mundo que para ellos debe dejar a Jesucristo como una figura subalterna en el shopping de las religiones, en un exoterismo para las masas ignorantes, mientras que la élite y los entendidos descifran el conocimiento esotérico que les permite ser libres y gozar a sus anchas del mundo que les pertenece, y por eso quieren rehacerlo a su propia imagen y semejanza. Esa es la complejidad de esta película: esoterismo por un lado, mensaje "susentable" por el otro. Y todo envuelto en un gran espectáculo audiovisual, que atrapa al espectador de manera tal que en vez de pensar la película, sólo debe "sentirla".

Quien busca información sobre Cameron, la encontrará muy bien dosificada. Uno se enterará que es considerado un destacado ambientalista que fundó la llamada *The Avatar Alliance Foundation* para tomar medidas sobre el cambio climático, la política energética, la deforestación, los derechos indígenas, la conservación de los océanos y la agricultura sustentable, y también que es un cultor del veganismo (en el set de Avatar se brindaba al personal una sola comida al día enteramente vegana, quizás le quede claro ahora al lector el título de nuestro prólogo). Como un apóstol del "desarrollo sustentable" (bien vale leer el ya clásico libro del Padre Sanahuja sobre el tema), Cameron dice en una entrevista que junto con su esposa regalan libros porque siempre están evangelizando y haciendo proselitismo por la nutrición basada en plantas, el medio ambiente, los derechos de los animales y cosas por el estilo. Cuando su esposa, la actriz Suzy Amis Cameron, que es más devota que él, si se quiere, de la religión del "desarrollo sustentable", le pregunta a Cameron qué le diría a la gente en pocas palabras, éste dice que nos aconsejaría vivir de una manera más conectada, verse a sí mismo como parte de un gran sistema global y saber que cada acción que realiza tiene una consecuencia. "Cada elección que haces como consumidor, ya sea usar plásticos o usar electricidad o reemplazar ese iPhone que tiene solo seis meses porque hay uno mejor, eso tiene un impacto en alguien en algún lugar o algún animal en algún lugar o algún ecosistema en algún lugar". Como si esto fuera poco, Cameron se la pasa recomendando con el mayor de los entusiasmos el libro "*Sapiens, de animales a dioses*", de Yuval Noah Harari, un judío israelí "casado" con otro hombre, también vegano y ecolo-feminista, que es un autor al que el poder mediático puso de moda (su libro fue traducido a 65 idiomas y vendió más de 20 millones de copias, luego hicieron también una adaptación gráfica). Figuras de la élite globalista anticristiana como Bill Gates, Barack Obama, Marck Zuckerberg y James Cameron, entre otros, recomiendan a este nuevo gurú, que en realidad no es otra cosa que un mandadero del poder que financia sus libros para fomentar la agenda anticristiana. Uno de los leit motivs de este personaje, al igual que de Cameron o la adolescente mediática Greta Thurnberg, es el "cambio climático", algo que ciertamente los científicos responsables desmienten.

Siguiendo con su corrección política, Cameron la emprende contra "los tipos de sistemas políticos que ahora se están apoderando de todo el mundo, estos sistemas proteccionistas, aislacionistas, nacionalistas, hipernacionalistas y populistas que tratan de cerrar fronteras y cierres y todo ese tipo de cosas". Por supuesto, se trata de promover las fronteras abiertas, el progresismo y la tutela mundial de las Naciones Unidas sobre las naciones. En definitiva y como dice su esposa, se trata de la Agenda 2030.

No exageramos cuando a este nuestro escrito titulamos primeramente "la summa anticristiana" de James Cameron. Hay quien dice que la película se trata de un rito de iniciación velado para millones de personas, que no advierten aquello que se les está inculcando en sus mentes a través de la fantasía. Creemos que se trata, como ya lo afirmamos, de Nueva Era, un pastiche de misticismo, fantasía, gnosticismo y corrección política, pensado hasta el menor de sus detalles, cuyo fin es apoyar la agenda panteísta que tiende al futuro gobierno mundial.

La élite de satanistas que está llevando al mundo hacia la agenda del Anticristo debe destruir todo lo que aún resta del antiguo orden cristiano, único verdaderamente humano, según la ley natural de la creación de Dios, y sobre esa destrucción hacerlo todo a partir de cero (Gran Reset). Se trata de hacer un mundo sin Dios. Al respecto, Harari dice que ésta de ahora es la mejor época de la historia de la humanidad (sic), pero que los hombres podemos arruinarla si no cuidamos el medio ambiente. El mismo *speech* de Cameron. ¿Alguna preocupación por la miseria espiritual, la apostasía religiosa, el aborto, el suicidio, la corrupción de los niños, la degeneración sexual y las calamidades de un mundo que ya no cree en Dios? No. Esta gente es brutalmente hipócrita, creen en su superioridad que los hace casi dioses, seres en continua evolución. Incluso Cameron, dijo en una entrevista "Somos como un cultivo bacteriano que se expande rápidamente hasta el borde de la placa de Petri. Bueno, estamos llegando al borde de la placa de Petri ahora". La placa de Petri se utiliza en microbiología para cultivar células, observar la germinación de las semillas o examinar el comportamiento de microorganismos. Para Cameron eso somos. Y pensar que todavía quedan algunos que imbécilmente consideran a Cameron todo un cristiano…

Todos estos personajes han dejado de lado la expresión "Nueva Era" para bautizar su proyecto "Nuevo Orden" o más recientemente "Gran Reinicialización", pero no deja de ser en todos sus postulados "Nueva Era": "Hay que señalar acá un aspecto particularmente importante de ese fenómeno, es el lugar que tiene ahí [en el nivel de super mente o super-espíritu del cual nacerá para el hombre la conciencia de su propia divinidad] la tradición ocultista. Por sus fundamentos panteístas y su recurso a las fuentes ocultas, por la perspectiva mundialista de un humanismo penetrado de la kabbala y posando sus raíces en la corriente teosófica, la Nueva Era es un avatar de la vieja utopía político-religiosa que quiere realizar la unificación del mundo alrededor de una religión universal secularizada, expresando una conciencia cósmica creciente. Se puede por otra parte establecer un parentesco notorio entre la Nueva Era y la herejía teilhardiana. Teilhard es el filósofo del movimiento por excelencia. Y de hecho, la supermente o super-espíritu anunciado por la Nueva Era, el advenimiento de la conciencia cósmica, no es otra cosa que la proyección vulgarizada de esta *noósfera* theilardiana que está llamada a alcanzar el estadio último de la *theósfera* por la cual el espíritu humano realizará la unión mística con el espíritu divino" (Jean-Baptiste Geffroy, *La montée du Nouvel Âge*, Lecture et Tradition N° 203-204, Janvier-Février 1994).

Una película como "Avatar" ayuda a sostener admirablemente tanto la construcción de la nave política de la mundialización –incluyendo los temas de su agenda- como también la iniciación de las masas descreídas o en proceso de perder su cristianismo en el panteísmo, coincidiendo plenamente con la agenda "pachamámica" del Vaticano ("Laudato Si"), que, no lo olvidemos, está también comprometido oficialmente en la implementación de la Agenda 2030. Proporciona una apoyatura simbólica-emotiva para lo que no es sino una justificación pseudo-científica del totalitarismo, del cual la reciente "pandemia covid" ha sido sólo un capítulo, por cierto de los hasta ahora más importantes. Hemos entrado luego en la "emergencia climática", que sin dudas se habrá de ver reflejado en las futuras fantasías hollywoodenses, y muy especialmente en la saga de "Avatar".

Eso si Putin no pierde antes los estribos y manda al diablo a la secta de tecnócratas y filántropos que pretenden "avatizar" el mundo entero.

1° de noviembre de 2022
Solemnidad de Todos los Santos

"El New Age es uno de los más importantes desafíos que el cristianismo deberá afrontar en los años futuros, ya que estos movimientos están deseosos de apresurar su desaparición para dar lugar a la futura religión mundial".

Padre Jean Vernette. "Iglesia Católica y New Age (Nueva Era)", Revista Tradición Católica N° 78, Mayo 1992.

"Ya no se puede hablar, como hace unas décadas atrás, de "decadencia de Occidente" o de "crisis de nuestra civilización" porque hoy la cultura occidental está en las catacumbas. Los grupos dominantes en los países que alguna vez pertenecieron a la cristiandad o que recibieron su influjo vivificador son al presente abierta o encubiertamente antioccidentales. Occidente está en liquidación, y la masa de sus liquidadores se integra con la concurrencia de fuerzas ideológicas de distinto signo pero similar intención. La "cultura" economicista de la burguesía tecnocrática con su jerga mundialista y su soporte multinacional ocupa uno de los primeros planos en el desvastado escenario. A su lado florecen sectas irracionalistas que buscan develar los misterios del universo con las técnicas gnósticas del teosofismo oriental y la "cultura" periodística de la ciencia ficción".

Enrique Díaz Araujo. A modo de prólogo, "La Rebelión de la Nada", Cruz y Fierro Editores, 1983.

"¿Qué nos ofrece, pues, el futuro? ¿Qué nuevos espejismos han de ensayarse para que no se logre alcanzar la recta senda que conduce a la verdad?"

José León Pagano (h). "Veinte siglos de herejías". Editorial Sudamericana, 2004.

"¿De dónde parten los enemigos de la religión para sembrar tantos y tan graves errores, con lo que la fe de un tan gran número se encuentra sacudida? Comienzan por negar la caída primitiva del hombre y de su descendencia. El edificio de la fe queda destruido totalmente..."

San Pío X. Ad Diem Illud, 2 de febrero de 1904

"La Edad Media conocía solamente los llamados "Misterios", donde actuaban Dios, la Virgen y los santos; después viene el teatro clásico que exalta los personajes históricos, y con el siglo XX el personaje histórico no será más que una ocasión para poner de relieve a los actores y las estrellas, cuyo éxito depende principalmente de la técnica cinematográfica, la cual no conserva del hombre más que una imagen animada artificialmente. (...) La historia, como el teatro, como las artes, después de haber suprimido a Dios para exaltar al hombre, acabó por eliminar al hombre mismo. Así llegamos a la conclusión de que, sin Dios, el hombre tiende a desaparecer, y que sin la teología, la historia se asemeja a una nave sin brújula".

Guillermo Gueydan de Roussel – Dios, rector de la historia, "Verdad y Mitos", Ediciones Gladius, 1987.

INTRODUCCIÓN

Salimos del cine asombrados no por la maravilla de la técnica, ni por la imponente prepotencia de los efectos visuales, o por los sorprendentes personajes digitales. Eso es admirable, sin dudas, en el actual panorama cinematográfico. Pero no dejamos que ello nos exima de pensar. Sabemos bien que el Anticristo cuando aparezca también obrará "prodigios".

No, salimos asombrados porque vemos el empeño increíble de destruir al Cristianismo que se despliega en conjunción con esta "liquidación de Occidente", y ello realizado de la forma más inteligente, soberbia y desesperada que jamás se haya visto. A toda orquesta, con todos los medios y, desde ya, todo el dinero del mundo. Pero también de una forma muy inteligente, porque "*Avatar*" es una película pensada hasta en sus menores detalles significativos, perfectamente ensamblados; soberbia, porque su impresionante exhibicionismo visual apunta a aplastar toda competencia que quiera hacerle sombra, además de obligar a una arrolladora imposición mundial; desesperada, porque se acortan los tiempos y los pseudoprofetas del Anticristo necesitan cada vez mayores estímulos para atraer a las multitudes.

Intentaremos a continuación una aproximación general a lo que esta película nos propone, pero no pretendemos abarcar todo el falso soporte simbólico que la misma en su aspiración a una totalidad, contiene. Hemos abordado en otro sitio muy someramente la presencia del gnosticismo en el cine, que puede servir de complemento al presente.

Los antecedentes de Cameron en sus otros films y series, con el agravante de un falaz documental (en Argentina se le dice: "trucho") sobre "la tumba perdida de Jesús", nos hacían esperar algo parecido a esto, y es que, ahora como nunca, da a conocer Cameron su gnosticismo en lo que no dudamos en llamar "suma anticristiana". A su habitual destreza para ofrecer un gran espectáculo audio-visual, le agrega esta vez un conjunto – diríamos un cóctel- de elementos que terminan haciendo de su película un pastiche New Age cuyo único fin es lo que dijimos más arriba, la negación del Dios Trinitario con la políticamente correcta excusa de golpear al occidentalismo imperialista que atenta contra la ecología y la diversidad cultural y religiosa. Esas cosas que mezcla *"Avatar"* son el gnosticismo, el panteísmo sutil, el feminismo desembozado, el ecologismo y el indigenismo, la New Age en sus distintas vertientes, el espiritismo, etc.

Daremos, en primer lugar, una brevísima referencia al tema enunciado y a continuación su aplicación concreta en la película.

ARGUMENTO DE "AVATAR"

Es el año 2154 y un marine parapléjico, Jake Sully, es enviado a Pandora, una luna del planeta Polifemo, para reemplazar a su hermano, un científico que acaba de morir, con el fin de continuar un experimento científico llamado "Avatar". Éste consiste en ser introducido dentro de otro cuerpo, una mezcla de humano y de Na'Vi, extraña criatura azul gigante que vive en el planeta. El fin es insertarse entre los nativos e investigar su cultura a fin de convencerlos de que pacíficamente dejen a los norteamericanos explotar un mineral muy valioso, que yace debajo de un árbol gigantesco en el cual este pueblo vive. Jake es tentado por un malévolo coronel para que una vez infiltrado entre los Na'Vi le pase información a él en vez de a la científica que comanda el programa, para de esa manera poder tener datos precisos con los cuales lanzar una ofensiva y arrasar con los nativos. El marine se debatirá entre una y otra lealtad hasta que, introducido en este sorprendente nuevo mundo, sufra una modificación de su persona al ser iniciado en las costumbres y la espiritualidad de los Na'Vi, que adoran a una diosa que desde un árbol se mantiene interconectada con todas las criaturas del planeta mediante una sustancia energética que dota de espíritu a los animales y las plantas, logrando de esa forma una armonía perfecta que los alienígenas humanos se proponen destruir. En tanto que Jake se enamora de la princesa Neytiri, se une a ella y pasa a combatir con los Na'Vi en contra de los humanos. Terminará siendo el libertador en una guerra donde todas las criaturas de la Naturaleza, por orden de la diosa de los Na'Vi, destruyen a los invasores.

RESUMEN:
"AVATAR" ES LA PUESTA EN ESCENA DE LA FALSA TRADICIÓN GNÓSTICA QUE SIGUEN LOS MASONES

Hay dos tradiciones distintas y antagonistas: la tradición bíblica y la tradición gnóstica. Veamos cómo nos lo explica en breve Jean Vaquié:

"[La tradición bíblica] está contenida en el texto del Génesis. Un Dios bueno creó al hombre en un estado de felicidad paradisíaca. Un demonio malvado (la serpiente) lo hace caer y el hombre se ve expulsado del paraíso y es obligado a llevar de ahí en más una existencia efímera y penosa. Pero el Dios creador, a la vez justo y bueno, promete el rescate (Protoevangelio).

En la otra tradición, calcada de la primera, pero en sentido inverso, un dios benefactor de la humanidad (la serpiente del Génesis) quiere procurar al hombre el beneficio del "conocimiento". Ese dios benefactor es entonces el verdadero padre del hombre. El "conocimiento" [la gnosis], indispensable para la vida feliz, es su verdadera madre. Pero he aquí que un dios tiránico, queriendo conservar para él solo el "conocimiento", condena al héroe benefactor (la serpiente) que deviene así una víctima inocente. Pero entonces el hombre deviene huérfano puesto que es privado de su benefactor y padre. En cuanto al "conocimiento" [la gnosis], privado de su marido, la serpiente, deviene viuda. No le queda más al hombre que matar al dios tiránico e injusto que es positivamente el asesino de su padre, y llevará así sobre la tierra el "conocimiento" y la Edad de oro".[1]

De acuerdo a la segunda "tradición" los masones se llaman a sí mismos "**Hijos de la Viuda**".

Pues bien, "Avatar" no es otra cosa que la puesta en escena de ese mundo paradisíaco donde reina el conocimiento (la gnosis), que todos sus habitantes poseen y reciben de su madre el árbol del conocimiento (la diosa madre). Es un conocimiento mítico e intuitivo. En cambio, los invasores son los hijos del Dios del cielo que quiere arrebatarles ese conocimiento, y por eso quieren destruir el árbol (su diosa o gnosis). De allí que deban matarlos a todos. La victoria decisiva sobre los hombres por parte de los Na'Vi se obtiene con la intervención del dragón (la serpiente), que es su dios.

SÍMBOLOS GNÓSTICOS

"En un sentido amplio, "gnosis" es la creencia según la cual no es la fe sino un conocimiento superior lo que nos puede liberar. Desde Cornelio Agripa, se dice que esta sabiduría será forzosamente "oculta", debido a que solo unos pocos elegidos, ini-

---

[1] Jean Vaquié, *Fils de la Veuve de Jean-Claude Lozac'hmeur*, en Lecure et Tradition N° 168, Février 1991, págs. 21-22.

ciados por maestros tradicionales, pueden acceder a ella. La divulgación de este saber elitista estaría, en principio, condenada al fracaso, salvo cuando sirviese para despertar a potenciales adeptos. Históricamente se registran dos clases de gnosis: una pesimista y apocalíptica, a la que combatieron los Padres de la Iglesia y renace periódicamente, y una optimista, conocida como "hermetismo", que anuncia una restauración mesiánica y una nueva era de plenitud. La gnosis hermética ha hallado eco siempre entre los intelectuales. Las versiones más recientes de esta gnosis también apuntan a las clases medias y altas, informadas y semicultas: hasta ahora, el principal vehículo de la New Age ha sido el libro."[2]

El cine nos ha acercado con más frecuencia la variante "pesimista-apocalíptica" de la gnosis, más que la "hermética", y cuando estas últimas hacen aparición (caso "Misión a Marte", de Brian De Palma, o la que nos ocupa) las soluciones "integrales" deben ser buscadas fuera del planeta y a manos de los extraterrestres, de quienes debemos aprender a vivir; el componente "místico" y el reemplazo del Dios Trinitario y su Iglesia son la razón de ser de estas películas. Es a través del conocimiento científico como se accede a esa instancia superior que conecta con la divinidad. La Fe –como virtud teologal- no tiene allí nada que hacer.

Es propio de la herejía gnóstica "sobrevalorar la razón especulativa en su afán de llegar a conocer a Dios y desentrañar sus secretos."[3] Apartándose de la doctrina cristiana, ataca en su soberbia especialmente a Dios Padre. Por eso proponer la creación de un mundo y un orden nuevo y distinto del creado por

---

[2] Pablo Capanna, "*El mito de la Nueva Era. Vino viejo en odres descartables*", Ed. Paulinas, 1993.
[3] José León Pagano (h), "*Veinte siglos de herejías*", Ed. Sudamericana, 2004.

Dios es propio de los sistemas gnósticos. No se olvide que todos los movimientos revolucionarios se han propuesto siempre acabar (es decir, arrasar) con todo el orden anterior, con el fin además de crear al "hombre nuevo", sabemos con qué desastrosos resultados. Cameron llega al extremo de, para crear al "hombre nuevo", dotarlo de un nuevo cuerpo, ya no humano, haciendo que el hombre se desprenda del suyo.

Es interesante ver cómo a fines del siglo XII el gnóstico Joaquín de Fiore traza su especulación teórica (dirigida contra la teología de la historia de San Agustín) a través del siguiente esquema simbólico[4]:

1. El primero de los símbolos es el del "Tercer Imperio" o una tercera fase en la Historia Universal, superadora de las anteriores y con la cual se llega al perfeccionamiento. Esto obedece a su cuadro de la Historia en un esquema trinitario.

2. El segundo símbolo es el del caudillo o líder que encabezará esa última etapa, "que aparece al principio de una nueva época y que con su aparición funda ésta".

3. El tercero de los símbolos joaquinistas es el del precursor. "Joaquín suponía que el caudillo de cada época tenía un precursor, al igual que Cristo tuvo a San Juan Bautista (...) En la creación del símbolo del precursor ha entrado a formar parte de la historia occidental un nuevo tipo: el intelectual, que conoce la fórmula para la liberación de los males del mundo y que sabe profetizar el curso de la Historia universal en el futuro". Ocurre a veces que no es posible diferenciar, en la práctica política, la figura

---

[4] Todo esto lo tomamos de "*Los movimientos de masas gnósticos como sucedáneos de la religión*", de Eric Voegelin, Ediciones Rialp, 1966.

del intelectual de la del caudillo, que pueden darse en la misma persona.

4. El cuarto de estos símbolos es "la comunidad de individuos espiritualmente autónomos (...) Lo esencial de esta figuración para nuestro tema es la idea de una Humanidad espiritualizada que puede existir en comunidad sin la mediación o sostén de instituciones, porque, según la idea joaquinista, la comunidad de monjes debía ser realidad sin el apoyo sacramental de la Iglesia. Reconocemos en esta comunidad de personas autónomas, sin organización institucional, el simbolismo de la comunidad de los movimientos de masas gnósticos que se imaginan el estado final como una comunidad libre de los hombres, una vez desaparecidos el Estado y otras instituciones".

En "**Avatar**":

Veamos entonces cómo este sistema de símbolos que se ha manifestado activamente en los movimientos políticos modernos, es reutilizado en la propuesta cameroniana:

1. Una nueva fase de la Historia sepulta y reemplaza a la Humanidad arruinada. Esa nueva fase se da en otro planeta pero es una forma de analogía que usa Cameron para decirnos que una era se acaba para nosotros y otra mejor debe comenzar. A esto se añade –como veremos luego- el motivo New Age de la Era de Acuario, que significa también el comienzo de una nueva y armoniosa etapa; la etapa fracasada que se acaba es la del "Cristianismo".

2. El caudillo que encabeza ese "renacimiento" es Jake Sully (él mismo habla en la película de un renacimiento). Llega a ser ese caudillo luego de que ese planeta casi es destruido por

los hombres –de la misma forma en que destruyeron la Tierra. Es además un Salvador o Mesías, el Ungido: precisamente vemos cómo es ungido ritualmente con pintura en la cara. No nace Salvador, sino que "se hace".

3. El intelectual precursor es aquí la científica, Grace Augustine (atención con el nombre), que conoce mejor que nadie que la solución a los problemas de la humanidad se encuentran en ese planeta y la forma de vida de sus habitantes. Además dirige el programa de los avatares, mediante el cual Jake Sully llegará a ser el caudillo libertador de los Na'Vi. Se llega entonces a ese conocimiento superior de liberación a partir del progreso del conocimiento científico. Como San Juan Bautista, la Dra. se enfrenta a los poderosos (el militar, el representante de los industriales) que la llevan a la cárcel, de la que luego es rescatada –a la manera de San Pedro- no por un ángel de Dios, sino por una mujer militar que actúa por analogía de esa manera (conducirá luego un helicóptero en la batalla final).

4. El cuarto de los símbolos se verifica en esa comunidad de los Na'Vi cuya religiosidad o espiritualidad no necesita de una iglesia para su efectivización. Recuérdese cuando Jake se aparea con la princesa Neytiri, ella les dice a todos: "Nos unimos ante Eywa", es decir, ante la diosa. Lo mismo cuando todos los miembros de la comunidad se juntan tomados de la mano frente al "árbol de los espíritus" para rezar o algo así. Se cumple de esa manera la idea fantasiosa comunista de una sociedad sin Estado, ni Iglesia ni policía, donde todo es armonía, atribuida a las comunidades primitivas pre-cristianas que adoraban a los espíritus de la naturaleza y por ello vivían en paz. La religiosidad se manifiesta principalmente como un sentimiento, pero, "quien afirma que no se puede llegar a Dios sino a través del ansia del sentimiento, no podrá jamás indagar ni apreciar relaciones reli-

giosas de contenido ético e intelectual. En el reino del sentimiento todo permanece obscuro e instintivo, todo está dominado de espontaneidad pura." [5]

Hablemos de otra característica gnóstica que ya adelantamos. Es la de "alterar la estructura del mundo, que es considerada como deficiente, para que resulte un mundo nuevo y satisfactorio (...) El intento de crear un nuevo mundo es común a todos"[6]. De allí precisamente que Cameron salga de nuestro planeta para inventar uno nuevo, con criaturas nuevas, nuevos animales y plantas, nuevo idioma, etc. La negación de la obra de Dios y hasta del hombre mismo –la cumbre de la Creación- se ven perfectamente por el hecho de que en el film somos nosotros los alienígenas, y el héroe prefiere dejar de ser humano para ser uno de ellos hasta en su aspecto físico. ¿Por qué, además, Cameron aplica esta receta de sabiduría barata en otro planeta completamente diferente? Porque, como dice Voegelin, debe "suprimir todos los caracteres de la estructuración de la existencia que pudiesen demostrar que el programa es absurdo y estéril"[7]. Por eso ubica su historia en un marco idílico que la haga "creíble".

Para Cameron, una combinación de la ciencia ultrasofisticada con una sabiduría panteísta ancestral dará como resultado la armonía, la paz y la felicidad de los hombres. Pero hay un pequeño problema que Cameron escamotea, y éste es el problema del mal. Para llegar a los resultados que se pretenden se debe negar la existencia del pecado original, y por lo tanto la necesidad de la Redención, y entonces de la Encarnación y así hasta llegar a la negación de Dios (de Dios Creador, distinto de su creación). Estamos entonces en plena fantasía subjetivista con aires de ciencia y sabiduría tradicional.

---

[5] José Graneris, "*La religión en la historia de las religiones*", Pág. 82, Ed. Excelsa, 1946.
[6] E. Voegelin, Ob. cit.
[7] E. Voegelin, Ob. cit

La estructuración simbólica gnóstica le otorga además al hombre –y por esto la acepta- "una certeza más firme sobre el sentido de la existencia humana, en un saber nuevo sobre el futuro que aparece ante nosotros y en la creación de una base firme para la actuación proyectada hacia el futuro"[8]. A diferencia de la religión católica, donde la Fe es el convencimiento de las cosas que no se ven, en este caso se le permite al hombre ver y tocar, se le muestra seductoramente todo para que "sienta" esa espiritualidad y "crea" en ella. "Bienaventurados aquellos que creen, sin haber visto" dijo Nuestro Señor.

Como sustitución o sucedáneo de la historia de salvación cristiana, Cameron recurre puntualmente a cada uno de los elementos que constituyen la Redención para negarla o subvertirla, o, más bien, para invertirla: Así como Dios se hizo carne en N. S. Jesucristo, a través de una mujer, la Sma. Virgen, en *"Avatar"* el hombre mediante la ciencia toma cuerpo –primero a través de una mujer que lo hace posible, la Dra. "Gracia" y luego de otra mujer que lo eleva espiritualmente, Neytiri- y baja del cielo a una tierra. Llega a ese planeta sin ser todavía un salvador, pero poco a poco asume esa misión. No para salvar a los Na'Vi de sus pecados, sino de los malvados de afuera, a los que llama "los hombres del cielo". Es un mesianismo carnal que triunfa mediante el poder de las armas y la intervención final de la "diosa" que toma partido –como si fuese Yahvé- por su pueblo. Jake Sully, el "elegido" (así da cuenta de sí mismo en la película) es tentado por el demonio (en la película, el Coronel) para que traicione su misión. A cambio no le ofrece todo el mundo, sino lo que más necesita y quiere en ese momento, unas nuevas piernas. Vence finalmente a ese "demonio" no con ayunos y oración, no con su sacrificio, sino peleando con las armas (tal como los judíos fariseos esperaban que hiciera Jesucristo en su momento) y con ayuda de la mujer. Es interesante ver que en un momento

---

[8] E. Voegelin, Ob. cit.

este "salvador" es condenado por su propio pueblo y atado a una columna, como Cristo en la cruz. Pero, para que él lo salve, debe ser liberado de esa atadura, es decir, "bajarse de la cruz". Es lógico: la salvación no viene por la cruz porque no se trata de una liberación espiritual, sino carnal. Espiritualmente los Na'Vi ya son libres, (son "sanos", como lo "eran" los fariseos) así que el Mesías sólo debe salvarlos de sus opresores extranjeros, cosa que hace.

EL GNOSTICISMO DE LA CÁBALA JUDÍA

Explica el Padre Meinvielle: "El Universo es un Dios que se hace. Tal la enseñanza de la Cábala, que es la misma de Spinoza, de Hegel y de todos los pensadores modernos, y que asimismo es la cultura moderna y de masas que ha acabado por imponerse (...) Las ciencias, en consecuencia, no se han de dirigir al conocimiento del Creador, sino, con la gran sociedad máquina producida por las técnicas, a la exaltación y glorificación del hombre." [9]

En **"Avatar"**:

Hay ciertos elementos sospechosos de pertenecer –en este shopping del ocultismo New Age que registra la película- a la Cábala judía procedente del esoterismo egipcio. Parece haber una *evolución* en esta diosa del árbol, que en principio "no toma partido" jamás, como allí se aclara, sino que se limita a mantener un equilibrio entre el bien y el mal. Esto quiere decir que, si hay mal en ese mundo y no hay pecado original (no se deja entrever), ese mal (la tristeza, el miedo) procede también de la diosa, y está

---

[9] R. P. Julio Meinvielle, *"De la Cábala al Progresismo"*, Ed. Epheta, 1994.

bien que exista. Luego, esta deidad hace lo que antes no hacía: toma partido por uno de los dos contendientes, en el enfrentamiento final, por pedido de Jake Sully. ¿Es éste tal vez el componente masculino que completa a la diosa y por el cual ésta ahora cambia? En la Cábala judía cobra un papel preponderante el acto sexual en relación a las teogonías. ¿Será por esto que se incluye la escena de la unión sexual de Jake y Neytiri? No lo sabemos, pero si fuera así sólo en el Hombre alcanzaría la Diosa la totalidad de su ser. Lo que sí es evidente es que a partir de la intervención de Jake la diosa ha cambiado o mutado uno de sus atributos hasta entonces conocidos. Por lo tanto habría evolución en la diosa, que necesita del Hombre (un hombre que produjo la ciencia a medias con su religión). De allí que, aún sin negar la divinidad, se exalte y glorifique al hombre. Análogamente: si Dios Padre sólo a través del sacrificio de su Hijo, Dios como Él, puede reconciliarse con los hombres, en "Avatar" la diosa sólo a través de Jake Sully puede salvar a los Na'Vi de los invasores. Entonces, Jake Sully deja de ser simplemente una más de las criaturas Na'Vi, para tener de alguna forma los mismos atributos que la diosa, que salva a los Na'Vi conjuntamente con Jake Sully.

PANTEÍSMO SUTIL

El dogma constitutivo del panteísmo consiste en admitir una sola substancia, de la cual los seres visibles son modificaciones o evoluciones. Es decir "suprimir la distinción de naturaleza o esencia entre el mundo y su causa. Abolida esta distinción, se esfuma toda verdadera trascendencia y desaparece la dependencia absoluta. Si yo soy una parte del "Divino Todo", o una de las infinitas realizaciones del "Yo universal", o un punto foco de la conciencia del universo, en cada hipótesis yo aporto mi contribución intrínseca y constitutiva al gran mar del ser, y si yo dependo del Todo, el Todo depende de mí, porque de mí recibe algo. Yo seré el átomo invisible, uno de aquellos infinitesimales que se pueden descuidar en los cálculos matemáticos, y sin embargo, insuprimibles en la realidad y en el pensamiento metafísico; y como tal me afirmo y me jacto de mis derechos y mido mi fuerza. Seré una manifestación efímera y crepuscular de una conciencia eterna y luminosa, pero en ese relámpago, en ese momento en que mi fuego arde, la Gran Conciencia vive y palpita en mí, y si yo brillo con su luz, ella resplandece con la mía, o mejor dicho, las dos luces no constituyen sino una. De aquí que, aun colocándome abstractamente como parte frente al todo o como particular manifestación o realización frente al Yo universal, yo pueda todavía pensar en cierta dependencia e inferioridad mía, eso no es ya posible cuando, hecho abandono de la posición abstracta, yo paso a considerarme en concreto como parte activa que coopera a la vida del todo, como manifestación o conciencia en la cual se actualiza y realiza lo universal. En esta visión plena y concreta yo descubro mi valor y a pesar de que vea caer mi individualidad, no por ello me humillo, antes bien, me exalto, y en vez de profesar mi absoluta dependencia celebro mi absoluta independencia, identificándome con aquello que parecía sujetarme"[10]

En **"Avatar"**:

Acaso a primera vista el panteísmo sea algo difuso o, en realidad, no parezca tal, si como se observa en la película hay una separación explícita entre la divinidad (la diosa Eywa) y las criaturas (Na'Vi). Acaso estos seres azules no se confundan con el "Gran Ser". Pero si se tiene presente lo que señalamos en el apartado anterior, se comprenderá que una tendencia teística y

---

[10] J. Graneris, Ob. Cit. Pág. 119.

una tendencia panteística parecen ir de la mano, siendo la segunda más difícil de reconocer.[11] Porque en ese cambio de operar –insólito- por parte de la divinidad, a partir de la intervención de una criatura (Jake), se comprende una relación que no es la del Dios Trinitario que a través de la gracia atiende la súplica de sus criaturas, ya que Dios no necesita en absoluto de sus criaturas y en su carácter inmutable es siempre el mismo. En cambio, según la enseñanza cabalística, "el proceso con el cual Dios concibe, se engendra y se desarrolla a sí mismo no se completa solamente en El; en parte, el proceso de restitución se cumple en el hombre. (...) Es el hombre quien da el toque final al semblante divino y a él toca instalar a Dios, como Rey y místico Autor de todas las cosas en el reino celeste. Es el hombre quien da la última forma a su mismo creador[12]. El ser divino y el ser humano en cierto punto del proceso cósmico son interdependientes"[13]. Y esta interdependencia señalada estaría aboliendo una distinción ontológica absoluta entre criatura y creador, indicando una forma de panteísmo que, en realidad, parecería instalarse en detrimento de la idea de la divinidad y en sustento del hombre como dios.

De allí entonces que si hay una evolución en el sentido señalado, cuando los Na'Vi descubren esta capacidad mayor de "conectarse" con su diosa y "completarla", entonces "todo es Dios que se despliega"[14]. Por eso los Na'Vi dominan a sus animales y plantas casi como dioses, "enchufándose" a ellos para dominarlos con el pensamiento. Esa especie de energía que también los une con la diosa y con todas las criaturas puede ser asimilada a otra práctica difundida por la New Age, que es la de "despertar a la serpiente Kundalini" activando los centros nerviosos espinales. Esa "serpiente" (que puede estar representada

---

[11] Cfr. P. Meinvielle, Ob. Cit.
[12] Tal cual lo hace (o quiere hacer) Cameron en su paródica película.
[13] P. Meinvielle, Ob. cit.
[14] P. Meinvielle, Ob. cit.

por esas largas trenzas que estas criaturas tienen detrás) viene a significar, según los esoteristas, la energía femenina que estaba enrollada y adormecida y que al despertar abre la conciencia del hombre a una mayor comprensión de las cosas. En la película se hace hincapié en el "ver" pero ver "dentro" de las cosas. Eso lo hacen a través de esa conexión física con todas las criaturas, la misma conexión física que deben tener con la diosa del árbol. En síntesis: la serpiente los hace "ser como dioses", pues sólo Dios puede ver dentro de nosotros.

Esta suerte de panteísmo que "Avatar" presenta al espectador, esa confusión entre el Creador y las criaturas, ese "retorno a la Madre Naturaleza" conduce a la nada de los ateos, siendo desconsolador para el hombre cuando se encuentra de frente al mal y las consecuencias del pecado original que son inevitables.

"Avatar" propone una espiritualidad que prescinde de la razón y acerca al hombre subjetivista de hoy a los "espíritus" de la naturaleza mediante la "visión" y la "sensación" o "experiencia" (algo propio, también, del carismatismo). Con esto lo que hace Cameron, además, es quitar de en medio no sólo a la razón sino también al misterio, propio de la religión sobrenatural, el Cristianismo.

NEW AGE

¿Avatar puede ser incluida dentro del movimiento Nueva Era? Veamos un poco: "Los movimientos de la Nueva Era no solo proponen un marco ideológico para rehabilitar al ocultismo, sino que además aspiran a recoger la "herencia" de las grandes religiones, cristianismo incluido. No plantean una lucha frontal, como lo hacía el ateísmo marxista, sino intentan un vaciamiento espiritual (...) El marco ideológico que ofrecen rehabilita y justifica a las prácticas mágicas, adivinatorias, astrológicas y chamánicas, junto con el "orientalismo", el indigenismo y el neopaganismo europeo."[15]

En Estados Unidos la influencia de la New Age es mucho mayor que en otras sociedades, incluyendo entre sus influencias a la educación católica. Quien fuera subsecretario general de las Naciones Unidas y se definiera a sí mismo como católico, expositor en la Asociación Nacional de Educación Católica, escribió en un libro cosas como ésta: "La humanidad no busca sino su unión con lo divino, su trascendencia en formas más elevadas de vida. Los hindús llaman a nuestra tierra brahma, o sea Dios, porque no ven ninguna diferencia entre la tierra y lo divino. Debemos considerar a nosotros mismos y a nuestro planeta como células de un Universo que se hace más consciente de sí mismo en nosotros".[16]

Una hechicera del culto de Wicka, asociada a un sacerdote para promover el feminismo, la brujería y el culto de la "Diosa" y con predicamento considerable en la educación católica, escribió: "En el Kraft (abreviatura por Witchcraft, brujería) nosotros no creemos a la diosa, sino que nos unimos a ella por medio de la luna, las estrellas, el océano, la tierra, a través de los árboles, los animales, por medio de otros seres humanos, por nosotros mismos. Ella está aquí, ella está en todos nosotros."[17]

El físico James Lovelock, miembro de un famoso centro de difusión gnóstica llamado Esalen, lanzó en un manifiesto colectivo de esta New Age el argumento de "Gaia", una hipótesis metafísica "según la cual la Tierra es un solo organismo vivo e inteligente. La economista Hazle Henderson la usa para fundamentar una economía ecológica y se apoya en ella para proponer

---

[15] P. Capanna, Ob. cit.
[16] Robert Muller, cit. en Revista Tradición Católica N° 78, España, mayo 1992.
[17] Cit. en Revista Tradición Católica N° 78.

el culto de la Diosa Madre, opuesta al judeocristianismo "patriarcal."[18] El autor citado continúa diciendo: "La propuesta de la New Age suele desconcertar por la ligereza con que mezcla modelos científicos con creencias astrológicas o alquímicas, ficciones, mitos, filosofía, religión y sicología. Esto no debe sorprendernos si consideramos que se trata de una ideología posmoderna. Una de las características que definen al discurso posmoderno es precisamente el pastiche de géneros, estilos y discursos, donde la filosofía se vuelve literaria y la crítica compite con la ficción (...) Todo el proyecto de mística panteísta de la Nueva Era (la llamada "ecología profunda") se apoya en una larga tradición gnóstica occidental, que ha reaparecido puntualmente en cada período de crisis."[19]

Esta propuesta de la New Age está especialmente dirigida a un hombre moderno secularizado y vuelto espectador y como tal consumista, insatisfecho del rumbo que ha tomado su vida pero incapaz de retrotraerse a una tradición cultural-religiosa que le ha sido quitada. "La New Age, que responde a una mentalidad de espectadores y de hedonistas vergonzantes, lo centra todo en los "efectos especiales" de lo transpersonal"[20] "Una muestra de cómo el "misticismo" de la Nueva Era tiende a banalizarse, asemejándose cada vez más a la "realidad virtual", a los videojuegos y otras drogas electrónicas, la hallamos en el auge de las máquinas de autohipnosis (*mind machines*) y la programación neurolingüística, sobre cuyos efectos (y peligrosidad) aún se sabe muy poco.

Las *mind machines*, que suelen publicitarse como "entretenimientos" junto con otros artefactos de "gimnasia mental"

---

[18] P. Capanna, Ob. cit.
[19] Idem. ant.
[20] Id. ant.

como las cámaras de aislamiento sensorial, son dispositivos controlados por una computadora portátil. Emiten estímulos visuales y auditivos por medio de antiparras y auriculares especiales. Se dice que inducen los ritmos cerebrales Alfa y Theta, y permiten vivir sensaciones estimulantes, como las de un día primaveral, un atardecer en la playa, una noche en la sabana o una tormenta eléctrica.

Por sólo veinticinco dólares, uno puede ver el mundo como lo vería un delfín ("la especie más inteligente del planeta") o viajar más allá de la muerte, con las "habituales" visiones de luz al final del túnel, etcétera"[21]

Por menos de un dólar, también se puede viajar al planeta "Pandora" junto a un avatar y vivir su vida, como el protagonista de la película. ¿Se dan cuenta los que se calzaron los famosos y ridículos anteojitos 3D hacia dónde los quieren llevar?

En **"Avatar"**: hay una evidente inclusión de esa "mística panteísta" cuyo epicentro se referencia en el culto de la "diosa madre" (expresión similar a la tan mentada "tierra madre") afrenta hacia el único y verdadero Dios que es Padre. Una diosa o tierra madre que no es tan diferente de nosotros ya que nuestros errores o nuestra maldad podrían destruirla. Piénsese que sin la aparición de Jake en ese planeta y su "conversión", la diosa aquella nunca hubiese intervenido y todo hubiese sido destruido. Todo lo demás de lo que hemos venido hablando se inscribe dentro de esta tendencia globalizadora del "New Age": "la unidad holística del universo, la divinización del cosmos, la mística acuariana, el rechazo del concepto cristiano de creación, el feminismo, la evolución". Todo esto concertado en función de un único objetivo (el llenarse de dinero es la añadidura): combatir

---

[21] Id. ant.

la fe cristiana, pues saben que "el principal enemigo de la New Age es el cristianismo auténtico."[22]

ERA DE ACUARIO

"El anuncio de la "Era de Acuario" era ya tradicional en el esoterismo (de esa fuente la habían tomado los hippies) y aparecía en la obra de C. G. Jung, uno de los grandes inspiradores de la New Age.

"Según Le Coeur y otros esoteristas, cada vez que cambia el primer punto de Aries, es decir, desde que el Sol comienza a aparecer en una nueva constelación durante el equinoccio de primavera (esto es, cada 2160 años aproximadamente) surgen nuevas civilizaciones y una nueva religión. Cuatro mil trescientos veinte años antes de Cristo, el Sol entró en Tauro, y las culturas egipcia, cretense y mesopotámica tuvieron divinidades con forma de toro. Dos mil ciento sesenta años antes de Cristo, el Sol entró en Aries, y sobrevino la religión mosaica del Antiguo Testamento. En el año 1 surgió el cristianismo, al entrar el sol en Piscis: una era belicosa, simbolizada por los peces opuestos y caracterizada por la intolerancia y el conflicto.

"Por fin, **alrededor de 2160**, el Sol entrará en Acuario, signo de armonía y humanismo. Entonces**, regresará Cristo: pero no será Jesús sino el cristo cósmico, un nuevo avatar de la divinidad, que tendrá otro nombre y otro aspecto**; él nos traerá el amor, la concordia y la luz, por lo menos durante 2160 años, y previo un Apocalipsis como el que anuncia San Juan (...)

---

[22] P. Alfredo Sáenz, "*El hombre moderno. Descripción fenomenológica*". Ed. Gladius, 2005.

El suizo Jean Gebser habla de un ascenso de la conciencia humana a través de la historia: de la conciencia arcaica hemos pasado a la mágica, la mítica y la mental (que es la nuestra, desde los griegos hasta Newton), y **culminaremos en la conciencia integral, propia de la era de Acuario**"[23]

"La edad de los peces se distinguía –dicen los acuarianos- por el fanatismo, la ignorancia, el dolor, la división y el escepticismo. Ahora viene la edad acuariana que implica fraternidad, conocimiento, nueva visión de lo trascendente. Desaparecerá el cristianismo, y se implantará una nueva religión a escala mundial. Será una vuelta a la Edad de Oro"[24] Hasta aquí la exposición de la utopía acuariana, que el lector podrá advertir tiene un discurso similar al de los globalistas que pretenden instaurar su "Nuevo Orden Mundial".

En **"Avatar"**:

James Cameron declaró: "*Quería que la gente sintiera el mensaje ecológico, no que lo pensara*". Interesante: que la gente sienta y no piense. ¿En qué año transcurre la película? En el año 2154, es decir, en el comienzo de esa Nueva Era (¿qué tal vez comience en la secuela de la película, ya programada?). ¿Qué papel representa el marine metido en un cuerpo azulado? El del teilhardiano cristo cósmico, "nuevo avatar de la divinidad", combinación de la ciencia humana y la adquisición de esa conciencia integral de saberse parte de la divinidad, cuya consecuencia será una era de paz y armonía.

---

[23] Id. ant.
[24] P. A. Sáenz, Ob. cit.

FEMINISMO

Otra de las proclamas del movimiento de la Nueva Era es el feminismo. Ha llegado el turno para la mujer de conducir los destinos de la nueva humanidad, dicen los esoteristas (pensemos que la inclusión de cada vez más mujeres como presidentes de países, no es algo casual, aunque los resultados están lejos de ser hermosos). Así lo define bien el Padre Sáenz: "El ciclo de Piscis enalteció al hombre. Ahora ha llegado la hora de la mujer, el triunfo de lo receptivo e intuitivo, tan peculiar del sexo femenino, frente a lo agresivo, expansivo y racional-analítico, más propio del hombre. El cristianismo es machista, ya que presenta al Dios de la revelación como masculino. Habrá que introducir el mito de Gaia, la Madre Tierra, restaurándose, si ello fuera necesario, cultos de diosas antiguas, como el de Isis, Astarté, etc."[25]

Pero el mismo feminismo no sería conducente si no se hubiese infiltrado también en las filas del catolicismo y su apertura al mundo: "En el mismo momento en que, en el mundo entero, se da a conocer y se expande el movimiento de la emancipación de la mujer radicalizado en el feminismo, vemos cómo en la Iglesia Católica aparece la teología feminista que comparte las aberrantes teorías que se encuentran en el New Age:

a. Feminidad de la divinidad.

b. Igualdad o superioridad de la Mujer-Dios.

c. Necesidad de transformar las estructuras sociales de la familia, de la sociedad, de la Iglesia (ordenación de la mujer, etc.)

d. He aquí algunos ejemplos:

---
[25] Idem anterior.

SCP Newsletter presenta así un libro de Charlene Spretnak, feminista y ecologista alemana:"El culto de la diosa, el paganismo, Wicca y la brujería, todo esto son nombres para designar una forma de religión natural que está centrada en el misterio, la sexualidad y las capacidades psíquicas de la mujer. El punto de partida de la autora, para llegar a reestablecer el dominio de la mujer, es poner fin a la religión judeocristiana."[26]

En "**Avatar**":

Para empezar, la historia transcurre en una luna llamada Pandora. La luna es un símbolo de lo femenino, y Pandora es en la mitología griega la primera mujer de la humanidad, creada para castigar a los hombres por su orgullo a través de su famosa caja. Allí no hay Dios, sino una diosa. Luego, los personajes fuertes y decisivos son las mujeres, pero mujeres masculinizadas o "liberadas"[27]: La doctora científica, que fuma, viste como hombre y es malhablada, es la poseedora de la gnosis humana, contrapuesta al militarote rudo, macho e imbécil (el Coronel) y al representante de la "Compañía", un cobarde. El único militar que se rebela y se pone de lado de los Na'Vi es una mujer, sexy pero atlética y también ruda. En Pandora, el rey no tiene ninguna importancia, y finalmente muere. El jefe de los guerreros, una especie de indio sioux, también muere en la batalla. Quien tiene la mayor influencia es la esposa del rey, que es la "chamana" o bruja del lugar, y es luego quien libera a Jake para que concrete la liberación de su pueblo. La princesa-cazadora es quien enseña a Jake a pelear y sobre todo quien le enseña los secretos de la

---

[26] Revista Tradición Católica N° 78.
[27] No es casualidad que las cinco esposas que ha tenido James Cameron –que no es que enviudó- son masculinizadas, de hombros anchos y delgadas y atléticas, como las heroínas de sus films. Extraño, sin dudas, el gusto del cineasta canadiense, cuyo modelo de mujer no es el del Hollywood clásico.

espiritualidad de su tribu; es quien además al final lo salva matando al coronel. Jake es un marine inválido. Norm Spellman es débil y medio amanerado y el gordito científico, un apocado (recuérdese que intenta impedir que la Dra. Grace vaya a discutir con los mandamases del proyecto). Ya ni siquiera en un plano de igualdad, por el contrario las mujeres superan en todo a los hombres. En la tradición hindú el marido y la esposa se asimilan al Cielo y la Tierra. En el film los humanos invasores son llamados "gente del cielo", mientras que los Na'Vi pertenecen a la "Madre Tierra". Son los habitantes de esa "tierra" los que expulsan a los del "cielo". Incluso podemos observar este detalle: si la película se propone la negación de Dios Padre, esa función se muestra por analogía en el Coronel, completamente degradada. El Coronel le dice así a Jake: "Hijo, yo cuido a los míos" y le promete pagarle por una operación de las piernas. Le dirá hijo en una segunda oportunidad. Cuando va en la nave rumbo a la batalla les dice a sus hombres dos veces: "Papá los cuidará". Finalmente le dirá a una de las bestias que combate, hacia el final y con el cuchillo en la mano: "Ven con papá". Si en la economía simbólica de la película viene a ser el demonio, también se identifica con el padre o el malvado "heteropatriarcado".

Pero interesa ver cómo en las películas de Hollywood (sobre todo en las de Cameron, que tiene debilidad por ver mujeres hermosas vestidas de militar), se ha impuesto un nuevo modelo femenino. "La mujer bella, sea griega, romana o renacentista, conserva sus proporciones femeninas y por eso es bella. Los hombros son más estrechos que las caderas, muslos grandes y brazos finos, corte transversal del cuerpo con tendencia a la concavidad que es la actitud de la función receptora, el tronco trapezoidal a base mayor inferior, etc. La subversión, en cambio, nos propone actualmente, un modelo de mujer-gladiador, más adaptada para la lucha libre que para la maternidad. Hombros grandes, caderas estrechas, tórax amplio y abdomen pequeño.

Lamentablemente se han ido perdiendo el buen gusto y la capacidad de observación, y es por ello que millones de hombres adhieren al modelo que les presenta la T.V., el cine y las revistas, sin detenerse a meditar un poco sobre la finalidad de la mujer y su adaptación para el cumplimiento de la misma."[28]

El colmo de Cameron es presentarnos una heroína que es una criatura francamente fea realizada a través de una computadora. Esos son los arquetipos que Hollywood le propone al hombre de hoy, ¿para que seamos más o seamos menos humanos? Para caer por debajo de ser humano, el hombre debe dejar de ser hombre y la mujer debe dejar de ser mujer, negando sus propios atributos y su finalidad, hasta confundirse mutuamente. Por eso los Na'Vi son muy parecidos entre sí. El mono de Dios desprecia toda la creación de Dios, en especial su cumbre, el hombre y la mujer.

CARISMATISMO

"Es verdad que muchos carismáticos rechazan la supuesta conexión entre ellos y el New Age. Sin embargo, los parecidos son tan numerosos que no podemos dejar de señalarlo:

1. El poder del espíritu, liberado en el momento de una suerte de reflexión u oración en grupo.

2. La curación por imposición de manos tan famosa en el movimiento carismático, y algo clásico en el movimiento New Age que pretende, por medio de las imposiciones, transmitir la energía sanante.

---

[28] Ignacio Garda Ortiz, "El modelo femenino", Revista Verbo N° 208, Noviembre 1980.

3. La disolución de los límites y de la estructura de la Iglesia. Se da más importancia a las revelaciones del "Espíritu" que a la autoridad de la jerarquía. Con tal de que provengan de un grupo carismático, sea protestante o no, se atribuye gran importancia a las declaraciones del "Espíritu."[29]

En "**Avatar**":

Hay una religiosidad informe que se encauza sin necesidad de iglesia ni culto. La oración en grupo –ese sentarse a la redonda como un grupo de hippies tomados de las manos y bamboleándose, y que los New Age denominan "armonización"- es algo implementado por el carismatismo, que apunta a que los fieles "sientan", o se sientan unidos, o sientan la presencia de un espíritu, del Espíritu. Por eso el hecho de tocarse, que aquí se ve en el momento en que Jake es admitido como uno de la comunidad y todo el mundo se une tocándose. Las curaciones que vemos –una fallida- mediante una especie de manta hecha de hojas luminosas del "árbol de los espíritus" hace recordar al "manto de la recarga" o algo así que usan en la llamada "Iglesia Universal" brasileña. Contra el ritualismo como pura forma vaciada de sentido se propone la espontaneidad de un espectáculo sentimental y subjetivo. Dice Ferguson en "La conspiración de Acuario": "No hay necesidad de doctrina, pues se obtiene conocimiento de la propia experiencia".

ECOLOGISMO PAGANO / INDIGENISMO

Con la divinización del cosmos que propone la New Age se relaciona la difusión del ecologismo, una mirada ecológica pero "no como preocupación por la naturaleza y cuidado consiguiente

---

[29] Revista Tradición Católica N° 78.

de la misma, sino en la inteligencia de que la tierra entera es un organismo viviente de carácter divino."[30] Y esto, deducido de la primera premisa, la unidad holística del universo, siendo una sola cosa Dios y el mundo, el espíritu y la materia, el hombre y la naturaleza. Por eso cuando este hombre dice amar a la naturaleza lo hace en tanto amor a sí mismo, y no como el amor a una criatura creada por Dios distinta a él.

Dice un autor neo-pagano: "La recuperación de una cierta escala de valores se divisa fundamental para lograr una sociedad y una cultura más ecológica, una escala de valores que para muchos se traduce en un nuevo sentimiento religioso que hunde sus raíces en un pasado tradicional. Sin duda esa búsqueda de una nueva religiosidad (de religere, volver a enraizarse en los mitos ancestrales) constituye el cambio cultural más importante de cara al nuevo milenio"[31]. Como se ve, acá también se hace hincapié en la cuestión sentimental a la hora de hablar de la religión, y además de los errores vertidos allí, se piensa que se debe volver a los tiempos en que el hombre "concebía el mundo como algo vivo, animado, y las plantas y árboles no son una excepción. Piensa que tienen un alma, un espíritu semejante al suyo y los estima de acuerdo a ello, y como seres vivos tienen igualmente la capacidad de experimentar el sufrimiento. (...) Se reverenciaban árboles notables por su grandiosidad, árboles que, en muchos casos, se convertirían en oráculos que transmitirían al hombre su destino inmediato merced a determinados signos.(...) Cita Frazer en su famoso libro "La rama dorada" cómo el culto a los árboles, la adoración y veneración de los árboles como seres vivos ha tenido un papel muy importante en la historia religiosa de la cultura europea en momentos anteriores a la llegada del cristianismo (...) Entre los pueblos eslavos cada bosque tenía

---

[30] P. A. Sáenz, Ob. cit.
[31] Juan Carlos Arroyo González, "El árbol en la cultura europea".

su "Lechy", divinidad protectora que tenía la piel y sangre azul[32], larga barba y abundante cabellera, haciéndose su estatura más pequeña conforme se acercaba al lindero del bosque. En todos los casos se trata de deidades, genios que cumplen la función de guardianes de la naturaleza, y que según expresa la tradición popular en Bretaña, no se aparecen en la actualidad a los hombres debido al carácter malicioso de éstos y a la implantación del cristianismo, religión desacralizadora del mundo natural por excelencia. Se comenta que cuando el misionero cristiano Jerónimo de Praga estaba intentando convencer a los paganos lituanos para que derribasen sus bosques sagrados, y abandonaran sus "erróneas" creencias, un grupo de mujeres rogó al príncipe de Lituania le detuviera, diciendo que con los bosques destruiría también la casa del dios que les favorecía con la lluvia y el buen tiempo."[33]

Puede verse en este testimonio, coincidente con la multimillonaria propuesta cameruniana, que se habla de un estado de cosas casi paradisíacas y que fue el malvado cristianismo el que acabó con ello. Se quiere volver no al paganismo de Sócrates o Virgilio, sino al de la barbarie incivilizada. Los relatos sobre aquellos "dioses" pueden sonar poéticos, pero tienen el inconveniente de ser no sólo falsos, sino que atraen hacia sí no la bendición del cielo, sino la desgracia, como la atrae el ateísmo. Si hoy vemos esta confirmación, el ejemplo de la civilización maya –mostrado portentosamente en "Apocalypto" de Mel Gibson- lo deja claro.

Sigue este escriba haciendo el recuento de aquellos buenos viejos tiempos... Lo hace en castellano, no en el lenguaje de los pieles rojas: "Los ya citados indios hidatsa de Norteamérica

---

[32] Esto nos recuerda los famosos dibujos animados de los "Pitufos", que no eran nada inocentes. Por supuesto, también las criaturas azules de Avatar.

[33] J. C. Arroyo González, Idem anterior.

creen que todo objeto natural tiene su espíritu. Antiguamente los indios consideraban como pecado la caída de un álamo y cuando necesitaban maderos grandes hacían uso solamente de los árboles caídos espontáneamente. Por su parte los iroqueses creían que cada planta, cada hierba tenía su propio espíritu y acostumbraban a darles las gracias. Los indios ojebways muy raramente talan árboles verdes o vivientes porque piensan en el dolor que puede causárseles y algunos de los curanderos aseguran haber oído los gemidos de los árboles bajo la acción del hacha. Esta misma consideración del dolor y sufrimiento que experimenta el árbol se encuentra con frecuencia en antiguos textos chinos. En África oriental, los wonika imaginan que cada árbol y en especial los cocoteros tienen su espíritu, y su destrucción equivaldría a un matricidio, pues el árbol les da la vida y el alimento igual que una madre hace lo propio con su hijo (...) Creemos que debemos buscar nuestra identidad y esencia en lo más hondo de nuestra memoria: la memoria pagana."[34]

Los aborígenes, ciertamente, pueden haber tenido una mayor intimidad con las cosas naturales y mayor respeto hacia ellas, de las que tiene el hombre materialista de hoy, pero ello no les enseñó a tratar mejor al prójimo ni a los enemigos. Los "dioses" no hablaban de ello. En cambio, el verdadero conocimiento de Dios conduce a amar la obra que éste ha hecho, sin apelaciones al sentimiento, sino a la razón. Con respecto al carácter "desacralizador de la naturaleza" del Cristianismo, se acusa maliciosamente a éste de poner las cosas precisamente en su lugar, el lugar que les ha dado Dios. "En el Sermón de la Montaña, donde se exponen los fundamentos de la Ciudad de Dios y las consecuencias de su rechazo, Nuestro Señor nos recomienda abrir nuestros ojos sobre la creación: "Mirad las aves

---

[34] J. C. Arroyo González, Id. ant. Leímos que en una iglesia "católica" de Argentina se comenzó a emplear una política "sustentable", por la cual en vez de utilizar bancos de madera, se los hace de materiales sintéticos que parecen madera. Y esto recién empieza.

del cielo...Contemplad los lirios del campo". Todos los Santos, desde los Apóstoles hasta los grandes pensadores católicos, han seguido esta recomendación, contemplando con religiosa admiración los símbolos de las verdades teológicas que Dios ha esparcido en la naturaleza. (...) En su tratado "Del conocimiento de Dios y de sí mismo", Bossuet incluyó un capítulo bajo el título de "Cómo la sabiduría de Dios aparece en los animales" "Cada animal está encargado de su representación", escribió"[35]

Algunos hablan de los valores que debemos rescatar en la película, y dicen que los habitantes de este film de Cameron aman los animales y plantas "por amor a la diosa", pero ese amor difuso y romántico no hace sino incrementar los miedos de un hombre que no sabe recibir con exactitud el mensaje de esas criaturas (a no ser que se enchufen por el rabo, como muestra absurdamente la película, en esa especie de conexión espiritual). Con esta postura se niega el vínculo del amor y la verdad, justificando cualquier estupidez con tal de que "se la ame". El cristiano, en cambio, esclarecido con la Verdad de su Dios, que le ha dado su Palabra, entiende de qué manera debe conducirse ante las criaturas de la naturaleza sin tornarse un esclavo de las vagas solicitaciones de los "espíritus: "La Escritura y la razón nos enseñan que el hombre se debe conducir frente a la naturaleza como un señor frente a sus servidores. No posee sólo derechos sobre ella, tiene también deberes. Ha de amarla y respetarla, no al modo de los románticos que divinizan la naturaleza, sino como cristiano, sabiendo que el verdadero amor está en la unión con Dios. El que busca su propia unión y la de su prójimo con Cristo ejerce la caridad que nos ordenó el Señor, cuando dijo: "Amarás a tu prójimo como a ti mismo" Ahora bien, la naturaleza, nuestra hermana mortal, creada para la gloria de

---

[35] Guillermo Gueydan de Roussel, "El sentido humano y cristiano del campo", en *"El Verbo y el Anticristo"*, Ed. Gladius, 1993.

Dios, desea también gozar de esta unión espiritual con su Creador, y el ministro de esta unión es el hombre, imagen de Dios. Frente al hombre todos los animales experimentan amor y miedo. Por eso la visión sobrenatural del campo, de la cual he recordado algunas manifestaciones, no es un puro acto sentimental sino un mandato divino."[36]

En "**Avatar**":

Por esta mirada cristiana decimos que el ecologismo que se propone en "Avatar" es pagano, y no el bien entendido. Pero además, este ecologismo va de la mano de la reivindicación de todas las culturas como "respetables" y en especial de la promoción del "indigenismo", en detrimento del hombre occidental sin distinciones. La posición del Poder Mundial respecto del hombre –y hombre son todos los que no son ellos- es clara: "...el hombre es un accidente peligroso que perturba el equilibrio de la naturaleza, y por tanto se lo debe limitar o suprimir", declaró el Príncipe Felipe de Edimburgo (Sydney Times, 20 de junio de 1980). En "Avatar" se ve a las claras cómo el hombre (occidental, no iniciado) perturba (profana) el equilibrio de esa naturaleza "sagrada": cuando Jake Sully recién ingresa en ese nuevo mundo, fascinado por las plantas, empieza a tocarlas, y éstas reaccionan replegándose; luego aparece un animal gigante y toda una seguidilla de grandes catástrofes de las que sólo lo salvará el que Neytiri –que estaba por matarlo- reciba una "señal" de un espíritu en una semilla. Todo ese "desequilibrio ecológico" ocurre porque Jake es todavía un ser humano con sus criterios que no entiende lo que es la naturaleza. Es decir, no era aún un gnóstico. Para que no vuelva a "desequilibrar" peligrosamente la naturaleza deberá ser re-educado, eliminando todos

---

[36] Idem anterior.

sus anteriores criterios y convirtiéndose a la nueva religión o sabiduría tradicional. Entonces sí ya llegará a la unidad con todas las criaturas, incluso hasta con el gran dragón rojo. De lo contrario debe ser eliminado físicamente. Por supuesto que lo que el Príncipe Felipe (jefe de la Masonería, no olvidemos) dice es que mediante este lavado de cerebro neutralizante –uno de los cuales consiste en hacer creer que se reivindican los derechos de los indígenas a volver a sus tierras- se pretende las manos libres para que esos grupos de poder se apoderen de las riquezas naturales que yacen en tales lugares. Quienes se opongan serán acusados de "atentar contra la protección de la naturaleza" que es sagrada, y consecuentemente, eliminados.

REENCARNACIÓN

"Casi todas las doctrinas esotéricas modernas comportan la creencia de la reencarnación de las almas, y cuando no se refieren a ello explícitamente es porque lo suscriben implícitamente. La reencarnación es el nuevo nombre de la metempsicosis. Se llama también teoría de la migración o de la transmigración de las almas. También se la denomina palingenesia (...) Más raramente se la llama reviviscencia. Todas esas denominaciones, que no difieren sino por ínfimos matices, son prácticamente sinónimas. Es, pues, posible dar una definición común: es la doctrina por la que las almas humanas pasan de un cuerpo a otro."
La reencarnación es invocada como base de razonamiento por todos los que pretenden desdramatizar la muerte. Oímos hablar mucho de esta "desdramatización" precisamente en este momento, a los que militan a favor del aborto y la eutanasia. Tejemanejes anodinos, dicen, pues la muerte no es un drama. La muerte constituye sólo un cambio de estado, la adquisición de un nuevo estado que presenta sus ventajas e inconvenientes, lo

mismo que el estado terrenal. (...) No hay juicio particular del alma, ni sentencia inmediata de recompensa o castigo."³⁷

En **"Avatar":**

Hace cincuenta años, un poco más, el Dr. Víctor Frankenstein era un científico loco y malvado que desafiaba a Dios al querer revivir una criatura muerta, criatura además creada en su laboratorio mediante despojos de distintos cadáveres. Pero se banalizó tanto desde el cine tal delirio prometeico del hombre que terminó considerándoselo apenas una fantasía, mientras los científicos en las sombras contribuían a elaborar mortíferas armas de destrucción masiva, como la bomba atómica. Hoy se nos ofrece una versión moderna de la misma fábula, pero en sentido inverso. Antes se nos mostraba al jorobado repugnante Igor llevando un cerebro dentro de un frasco; hoy se nos muestra positivamente a un científico llevando una pantalla plana con la imagen escaneada de un cerebro. La "ciencia" (hoy en realidad debe llamársele "técnica") elabora un cuerpo con ADN de ser humano y de Na'Vi, y lo coloca en una pecera como si se tratara de un bebé dentro del útero de su madre. Luego logra infundirle vida (sin gritar enloquecidamente como el famoso doctor citado). Esa criatura –que ya no será llamada monstruo- se convierte en un Salvador. Otra burla más a la creación de Dios, hoy aceptable para todo el mundo debido a las prerrogativas de la prestigiosa diosa "Ciencia", en quien se cifran las esperanzas de acercarnos a un mundo mejor.

Si le buscamos la lectura simbólico-religiosa, vemos que el avatar coincide con la definición que para los hindúes tiene esta palabra del sánscrito: encarnación terrestre de una deidad, en este caso Vishnú, que tiene la piel azul. Recordemos que la gnosis "no combate a la Iglesia de frente. No desea su abolición.

---

³⁷ Revista Roma Aeterna N° 122, Octubre 1992.

Sólo desea subordinársela. Trabaja sobre una síntesis del cristianismo con todas las demás confesiones, incluso las más alejadas, para lograr una religión universal. Hoy, como antaño, los gnósticos o neognósticos elaboran versiones distintas de la gnosis según la proporción de elementos que entran dentro de la síntesis; unos, por ejemplo, resaltan las aportaciones del hinduismo; otros las del Islam; otros, incluso, las de la cábala."[38] Con su procedimiento de sofisticada ventriloquia a distancia (un humano que controla a un muñeco) convertido en un avatar, Cameron satisface a los hinduistas y a las corrientes gnósticas, a la vez que se burla de la doble naturaleza que tuvo Nuestro Señor Jesucristo.

LA NATURALEZA VENCE A LA GRACIA

"El naturalismo se encuentra ya en el Renacimiento, que en su esfuerzo por recuperar las riquezas de las culturas paganas antiguas, de la cultura y del arte griegos en particular, ha llevado a magnificar exageradamente al hombre, la naturaleza, las fuerzas naturales. Exaltando la bondad y el poder de la naturaleza, se menospreciaba y se hacía desaparecer del espíritu de los hombres la necesidad de la Gracia, el destino de la humanidad al orden sobrenatural y la luz aportada por la revelación."[39]

En "**Avatar**":

Así dice Monseñor Lefebvre y así se verifica en "Avatar", donde de manera explícita se niega no sólo la necesidad de la

---

[38] Idem anterior.
[39] Mons. Marcel Lefebvre, "*Le destronaron. Del liberalismo a la apostasía. La tragedia conciliar*", Roma Aeterna 104-105-106.

Gracia divina, sino que a esa Gracia que nos presenta la película se la termina matando, porque ha pasado su tiempo.

Veamos. La científica jefa del programa de los avatares se llama Grace Augustine, es decir, Gracia Agustín. San Agustín es conocido como el Doctor de la Gracia. Acá tenemos a la "Doctora Gracia", que no es precisamente la misma del Santo. La Gracia de la película, una mujer escéptica y prestigiosa, es una Gracia que ha adquirido una serie de conocimientos científicos pero que no puede conducir al hombre a lo trascendente. Es un puente que sirve para comunicar a Jake al otro mundo, el mundo de los espíritus, pero no en busca de Dios, sino en busca de un saber científico. Allí Jake descubre cosas distintas a las que le enseñó la Dra. Gracia. La doctora cuida al marine Jake, le da de comer, lo acuesta. Pero no puede elevarlo a la comprensión de las cosas divinas. La Gracia es "exterior", no opera la renovación interior de Jake. El Hombre se convierte finalmente en Súper-Hombre en un lugar donde no hay Gracia. ¿Por qué decimos que la naturaleza vence a la Gracia? Porque la Gracia, herida de muerte por los hombres, es llevada al reino de la naturaleza deificada, para ver si la "diosa" le puede salvar la vida. Y por supuesto, la Gracia se muere. Allí no tiene nada que hacer. Eso sí, antes de morir hace su profesión de fe en la "religión na'vita", diciendo con la cara iluminada: "Me uní a ella. Es real", es decir, vio a la diosa cara a cara. Pero además, hay este detalle: para salvar a la Gracia debían hacer que su alma dejase su cuerpo humano y se traspasase a su cuerpo avatar. Pero la Gracia, para Cameron, es algo puramente humano. Los Na'Vi no necesitan de ninguna Gracia porque además allí no hay pecado original. Es una especie de Paraíso.

Pero probablemente haya que buscarle a esta mención explícita por parte de Cameron, otro sentido. Pone el Padre Castellani en boca de San Agustín estas palabras: "Ahí está la tradición de ustedes, yo la puse en ese libro, yo fui el ingeniero que hizo los planos de la tradición de Occidente. Si ustedes pueden reedificar sobre esos planos, tendrán paz; si esa tradición es destruida del todo, ya les dije antes lo que pasa..."[40] Hicimos mención del esquema simbólico gnóstico de Joaquín de Fiore, que precisamente buscó en su filosofía de la historia combatir la teología de la historia de San Agustín. Contra la construcción agustiniana que decía que la nuestra era –es- la última época de la Historia o la "senectud de la humanidad", en espera de los acontecimientos esjatológicos y la Segunda Venida de Cristo, J. de Fiore planteó un esquema trinitario de la historia, siendo ésta la segunda etapa y esperando una próxima era de bienestar y paz que debía empezar en 1260, siendo él mismo el caudillo. Lo que Cameron plantea en su película es el final de una concepción de la Historia fundada en San Agustín que marcó la cultura occidental, la destrucción de una tradición –cosa a todas luces obvia- pero a la vez el comienzo de una nueva era caracterizada como una especie de milenarismo cristiano secularizado. Por supuesto, si las civilizaciones son caducas y caen es por sus crímenes, como dice Castellani, Cameron se cuida bien de no mostrar que si la civilización occidental cae es por haber dejado de lado a Cristo y a esa tradición que menciona San Agustín, y no a causa de ella. Por eso propone un milenarismo sin Cristo, ¿y acaso con el Anticristo? Eso creemos lo ampliará Cameron en la continuación de este primer "Avatar".

LOS DOS ÁRBOLES
(O LO CONTRARIO DE *APOCALYPTO*)

Otro ataque no tan evidente se da en la película, a la manera de una "respuesta" –por supuesto que falsa y maliciosa- a "Apocalypto", la obra maestra de Mel Gibson. Cameron cita diversos

---

[40] Padre Castellani, San Agustín y Nosotros, pág. 28.

momentos de "Apocalypto" –a la que sin dudas le ha prestado mucha atención- para intentar "superarlos" e invertirlos.

Veamos:

-Casi al comienzo de "Avatar" alguien le dice al protagonista que en Pandora tendrá "Un nuevo comienzo...en un nuevo mundo". Por dos veces en "Apocalypto", casi al comienzo y al final, se usaba claramente esta expresión: "Un nuevo comienzo". Y se trataba, además, de un nuevo comienzo en un nuevo mundo, tanto para los españoles que llegaban al "Nuevo Mundo" como para los aborígenes, pues un nuevo mundo se les abría con la Gracia.

-Cuando Jake es perseguido frenéticamente por la selva, como Garra de Jaguar en "Apocalypto", Cameron coloca detrás de su héroe no una simple pantera negra, sino un animal monstruoso y gigantesco, pero negro y con características similares a un felino (al que le llaman "thanator"). Huyendo de esta bestia, Jake se salva arrojándose por una gran catarata, una escena similar a la de "Apocalypto", pero con esta diferencia: que cuando Garra de Jaguar sale del agua se le cae la pintura azul de la piel, pintura que le habían aplicado para sacrificarlo a los dioses. Jake, en cambio, conserva su color azul. No está huyendo de ese mundo, sino integrándose a él. Mientras tanto, la banda de sonido recuerda motivos muy puntuales de "Apocalypto". Sucede que el responsable es el mismo compositor, James Horner, que en "Apocalypto" hizo una obra extraordinaria y aquí se copia por momentos a sí mismo. Una evidente coincidencia nada casual.

-Mientras Garra de Jaguar huía de ese mundo infernal hacia el encuentro –sin saberlo- de la Cruz y la Redención, su única salvación, acá Jake huye del mundo de los humanos para internarse en el mundo de los salvajes e integrarse a ellos. Hay coincidentes escenas de reuniones comunitarias en ambos films, pero en "Apocalypto" se deja en claro que, con todo lo que tengan de bueno esos aborígenes, de todas formas necesitan de la Redención de Cristo para salvarse. Cameron –como ya lo vimos- dice que esto no es necesario, porque esa clase de vida, sin el Dios de los cristianos, es mejor.

-Los brujos y jefes de la tribu de "Avatar" visten parecido a los brujos y jefes de los mayas. Pero mientras los mayas realizaban sacrificios humanos para complacer a los dioses, en "Avatar" los brujos son unos sabios inofensivos de los que debemos aprender. Para Cameron los demonios son espíritus buenitos y brillantes como lucecitas de colores.

-Todo esto que decimos puede resumirse en una escena clave, la del gran árbol que es destruido. En "Apocalypto" un inmenso y pesado árbol se viene abajo por la depredación de los mayas, como símbolo de ese mundo decadente y malvado que está a punto de sucumbir. En "Avatar" ese gran árbol sagrado, hogar de los Na'Vi, es destruido por la acción de los seres humanos que no entienden la sabiduría de los paganos.

-También es significativo el que una película tenga un título en griego, y la otra en sánscrito. Son dos concepciones del mundo absolutamente opuestas, tanto como la verdad y la mentira.

Dijimos que Cameron quiere superar estos momentos cinematográficos y lo hace en el sentido de ofrecer escenas mucho más impactantes y espectaculares, con la prepotencia de los recursos técnicos más avanzados, cosa de que el público desprevenido que acude a las salas escoja, entre uno y otro film de aventuras, aquel más impresionante. También nos parece ver –y cómo no pensarlo, si éste es un film anticristiano- una confrontación con "La Pasión de Cristo", en ese final donde, apenas Jake abre los ojos resucitado, el film se termina. Se recuerda especialmente –y algunos lo criticaron por ello- la brevedad de la escena de la resurrección de Cristo en "La Pasión". El sentido que se le quiere dar en "Avatar" es el mismo, y Cameron no es ningún tonto, para saber dónde abrevar para conseguir lo que se propone. Así también, si "La Pasión" comenzaba con la imagen de unos árboles y entre ellos Jesús en su agonía y oración, "Avatar" comienza con la imagen de unos árboles vistos desde arriba y mientras la cámara vuela sobre ellos la voz de Jake nos dice que soñó con unos árboles y se sintió libre.

Visto y considerando todo esto, nos preguntamos qué hacía Mel Gibson entregándole recientemente el premio Globo de Oro al mejor director a James Cameron. Si la escena no es grata, la respuesta es un misterio. ¿Gibson defeccionó definitivamente y volvió al show-bussiness? ¿Busca un lugar bajo el sol para poder seguir haciendo sus películas? ¿O quiso demostrar que no es un mal educado y resentido por el hecho de que sus últimas películas han sido completamente ignoradas en todas las premiaciones siendo que han sido obras maestras? El tiempo tal vez nos dé la respuesta.

MESIANISMO CARNAL

Ya mencionamos al pasar este tema que yace bajo una trama en apariencia simple, pero en el fondo abierta a múltiples lecturas de una misma "enseñanza" que se nos quiere dar. Uno de los ejes temáticos puede sintetizarse así:

Había un pueblo elegido y sagrado que vivía unido y sin necesidad de otros pueblos. Pero entonces apareció un gran imperio profano que ocupó su territorio y quiso sojuzgarlos. Surgió alguien que vino desde afuera y fue marcado como un Mesías. Pero el pueblo se sintió traicionado por este Salvador, que no había venido a liberarlos de sus opresores extranjeros. Los invasores destruyeron el lugar sagrado del pueblo y éste debió emigrar. Sólo le quedó ir a lamentarse a un rincón hasta que viniera un Mesías guerrero que les devolviera la esperanza y el triunfo sobre los profanos, para volver así a dominar su planeta.

Todo esto ocurre en la película y la analogía con el redentorismo carnal de los judíos y su relación con los romanos es evidente. Este segundo Mesías sería el verdadero Cristo, y no el primero. En la película, Jake Sully es rechazado porque "sabía que aquello iba a pasar y no hizo nada". Sólo es recibido triunfalmente cuando aparece poderoso y montado sobre el terrible Gran Dragón dios de los cielos. El mismo Jake había pedido perdón antes, arrepentido por no haber sido lo que ellos querían y haberlos engañado. Es más, había dicho al Coronel: "Negociaré los detalles de su reubicación", es decir que este falso Mesías es de alguna forma responsable del exilio de los Na'Vi. Por eso cuando reaparece sobre el Dragón ya es otro, asumiendo totalmente su misión.

Con relación a este esquema se desarrolla puntualmente el camino de salvación cristiano en forma de parodia o reelaboración invertida anticristiana:

.Anunciación / Epifanía: así como una estrella anunció el Mesías a los Magos, y un ángel a los pastores lo mismo que antes a la Virgen María, acá una semilla del árbol sagrado, que es un espíritu muy puro y luminoso (como un ángel o una estrella) se le aparece a Neytiri y le comunica que Jake es un elegido.

.Nacimiento / Bautismo: se habla en el film de dos nacimientos. El primero para Jake es cuando lo introducen en el avatar: sale feliz y corre como si nunca hubiese tenido piernas. El segundo es cuando es recibido oficialmente –tras haber pasado las pruebas- como parte de la tribu. Allí también es bautizado, signado con pintura en la piel.

-Descenso del Espíritu Santo: esto figura antes en la película. Esta vez el Espíritu no desciende en forma de paloma, sino de multitud de "semillas espíritus" que parecen más bien unas medusas brillantes, y que se posan hasta cubrir el cuerpo de Jake, con los brazos en cruz. Esto le confirma a Neytiri que es el elegido.

-Crucifixión: En realidad esta crucifixión se impide por ser inútil para la causa de los Na'Vi. Los Omaticaya se decepcionan con su Mesías y lo atan a una columna –al lado de la "Gracia"- y así los abandonan cuando se produce la invasión. Pero la bruja lo libera, porque espera que si ese es un Mesías verdadero, los conduzca mediante la fuerza a vencer a sus enemigos. Es la explícita negación de la Redención de Cristo. No hay, entonces, sacrificio, pero sí se puede decir que antes hay una última cena, en burla: mientras las máquinas empiezan a arrasar con el bosque de Pandora, y el avatar de Jake está ¿muerto o dormido, como llamarlo? en el piso, el verdadero Jake come apresuradamente la comida que la Dra. Gracia insiste en darle. Luego de esto Jake vuelve a su avatar y se produce la comentada escena en que lo atan a la columna.

Resurrección: no hay otra resurrección más que la del final, hecha por obra –y no "Gracia"- de la diosa. Aquí nuevamente los bichos luminosos de antes se plantan sobre el avatar para darle vida. Extraña resurrección de un ser en otro cuerpo, vendría a ser más bien la transformación de una oruga en una mariposa, correspondiéndole al ser humano el primer papel.

-Regreso triunfal: Si Nuestro Señor ha de venir sobre una nube, como lo declaró solemnemente, aquí este Mesías regresa a su pueblo desde el cielo sobre un Dragón. Cristo dijo que venía en nombre de su Padre. Este nuevo salvador, ahora resucitado, viene en el nombre del Dragón (Toruk Makto) por el cual todos se inclinan ahora a venerarlo. Se dice en el "Apokalypsis": "La bestia que vi era semejante a una pantera; sus patas eran como de oso, y su boca como boca de león; y el dragón le pasó su poder y su trono y una gran autoridad.(...) Y adoraron al dragón, porque él había dado la autoridad a la bestia, y adoraron a la bestia, diciendo: ¿Quién como la bestia? Y ¿quién puede hacerle guerra? Y se le dio una boca que profería altanerías y blasfemias (...) Abrió pues su boca para blasfemar contra Dios, blasfemar de su Nombre, de su morada y de los que habitan en el cielo."[41]

En la película se dice del dragón que "Toruk es el dios de los cielos. Nada lo ataca" ("¿Quién como la bestia?"), y aunque enseguida Jake se sube a él, antes se aclaró que es el Toruk quien lo ha elegido. Es el dragón quien le ha dado la autoridad a Jake ("porque él había dado la autoridad a la bestia"). Jake Sully dice altaneramente en su discurso a los Na'Vi: "Derrotemos a las personas del cielo" ("Abrió su boca para blasfemar (...) de los que habitan en el cielo"). También se acerca a pedirle algo a la diosa del árbol ("blasfemar contra Dios"). Al final de la película, mientras el dragón se aleja volando, se dice: "La época de la tristeza llegaba a su fin. Ya no necesitaban a Toruk Makto".

LOS DERECHOS DEL RITUAL

Escribe Chesterton: "El árbol gigante de la mitología extiende sus ramas bajo todos los cielos de la vasta tierra. Sus ramas lejanas tienen, como pájaros tornasolados, los opulentos ídolos asiáticos y los salvajes fetiches del África. En los huecos de su tronco nudoso, se agazapa el pueblo de las hadas. Sus raíces, hundiéndose entre los pámpanos y los olivos, abrigan a los dioses lares del lacio, y en las nubes que coronan su cabeza, ríe y se solaza la tropa dorada de los olímpicos dioses griegos. Si no amáis los mitos, no amáis al hombre; pero si, en verdad amáis los mitos, reconoceréis que no fueron ni son una religión, en el

---

[41] Apok. XIII, 2.4-6. Versión de Mons. Juan Straubinger.

sentido cristiano o musulmán de la palabra. Cuando más, satisfacen una parte de las necesidades religiosas de la naturaleza humana, especialmente la de ejecutar ciertos gestos, en épocas fijas, y la de consagrar las fiestas por medio de ritos. Pero no olvidemos nunca que aunque tenían un calendario, no tenían un credo. No se recitaba a coro: "Creo en Júpiter, en Juno y en Neptuno", como hoy se reza: "Creo en Dios Padre, Todopoderoso."[42]

El problema con Cameron es que se vale de los mitos y de la necesidad de los hombres por ellos para traficar un falso saber, una falsa espiritualidad y una falsa religión, con aires pseudocientíficos, pseudomísticos y mesiánicos. Por eso Cameron no es un poeta, sino un charlatán y un peligroso ideólogo[43]. Cuando no se hace la distinción exacta que hace Chesterton, se lleva al espectador a confusiones que no son poca cosa. Porque el hombre tiene la necesidad de adorar y de creer, y en tales asuntos no se puede ser confuso. Esta confusión es la que hace que algunos ante la exhibición de ritos que satisfacen tal necesidad, se dejen llevar por algo de lo que también hacía mención el escritor inglés: "La admiración y el temor son grandes realidades, y hablan al alma, eficazmente, por medio de ficciones. Lo malo es que el paganismo no sabía hablar al alma de otro modo, de suerte que su lenguaje está para nosotros lleno de enigmas. (...) Los griegos, aparentemente, consideraban la veneración por encima de

---

[42] G. K. Chesterton, *El hombre eterno* Pág. 170, Ed. Porrúa, 1986.
[43] También puede ser llamado "pseudo-maestro", divulgador de herejías: "El herético (...) es el que quiere ir más adelante, probablemente el gnóstico, que se separa de esa fe tradicional so pretexto de elevarse a una ciencia más sublime o de una gnosis privilegiada". Mons. Straubinger, Coment. a II Jn 9 (Contra los falsos doctores).

todo pero no sabían a quién venerar. El resultado de su veneración tenía que ser muy vago, porque no se ha encontrado todavía el arte de construir castillos en las nubes."[44]

Este anclarse solamente en el terreno de "la admiración y el temor" o, más precisamente como gusta decirse, en lo "numinoso", es en algunos una influencia evidente de la escuela sentimentalista de Rudolf Otto, como bien lo señala Graneris: "Otto, quien sustituye el sentimiento de la dependencia absoluta por el sentimiento de la criatura y luego admite que éste es sólo el lado subjetivo, el efecto o la sombra de otro sentimiento (miedo o temor) que nos pone de un modo inmediato frente a un objeto en que se encuentran la categoría específica de la religión: lo *numinoso*"[45] Cameron representa esta ambigüedad de la condición creatural de Otto mediante los efectos especiales, las lucecitas de colores y las muy extrañas criaturas, pero, como dice Graneris, "aquel *numinoso* que Otto nos hace entrever y que para corresponder al "sentimiento de la criatura" debería ser el Creador, de hecho no lo es, o a lo menos no se lo puede conocer como tal, porque apenas abiertos los ojos de la inteligencia el sentimentalista nos obliga a cerrarlos otra vez y nos sumerge en aquel reino del pavor donde no resuenan sino palabras de color obscuro: *tremendo, majestuoso, enérgico, misterio, totalmente otro, maravilloso, paradoja, antinomia, fascinante, horrendo...*"[46] Es la mirada sentimentalista, entonces, aquella que está a sus anchas –aunque a veces lo niegue- en el modernismo o liberalismo católico, la que acepta las propuestas como la de Cameron[47], porque de esa manera se vuelve a instalar en el centro de la escena lo "numinoso" capaz de suscitar una religación

---

[44] Chesterton, *El hombre eterno*, págs. 169-170.
[45] J. Graneris, Ob. Cit., págs. 86-87.
[46] Id. ant. Pág. 87.
[47] Caso ejemplar el de Ángel Faretta, crítico y teórico del cine, que con motivo de *Avatar* hace el mayor papelón de su vida, creyendo ser parte de una sabiduría sólo para iniciados como él y los de su círculo íntimo.

con el Dios en el que dicen creer. Pero, de esta manera, con este prejuicio del sentimiento como único medio de llegar a Dios, "no se podrá nunca descubrir el Dios de la religión auténtica; porque Dios es un espíritu y no quiere ser adorado y no puede ser alcanzado sino por el espíritu, que es inteligencia"[48]

OTROS DETALLES

-Pueden encontrarse multitud de elementos tomados de distintas simbologías relacionadas con aquello que Mircea Eliade[49] llama el "Mundo Tradicional". Precisamente cuando muchos encuentran estas marcas de religiosidad –que no de religión- y espiritualidad en un mundo secularizado, creen, en su confusión, que se trata de una verdadera oposición al materialismo imperante en nombre de una "tradición primordial" que no se dan cuenta es vehiculizada por el Poder Mundial (sabemos quién es el príncipe de este mundo) para combatir la verdadera Religión de Dios. El uso del árbol como centro del mundo, la idea de la Tierra-Madre o los ritos de iniciación y de tránsito, se hacen presentes, pero ya hemos visto dentro de qué contexto y con qué intención.

Refutamos extensamente su gnosticismo "católico" en nuestros libros *El mirar del cine* y *Castellani y Lefebvre*.

[48] J. Graneris, Id. ant. Para ampliar sobre este tema: "*Carta Encíclica Pascendi Dominici Gregis*" de San Pío X.

[49] La confusión propia de este historiador de las religiones –que respeta todas las religiones porque no tiene ninguna- se ha visto recientemente continuada con la última película de Francis Cóppola exhibida en nuestro país, un pastiche pedante e insufrible llamado "*Juventud sin juventud*", basado en una novela del rumano. De tal manera se da cuenta de la influencia deletérea que pueden tener tales lecturas en quien no se asienta en la roca firme de la fe católica, libre de influencias modernistas.

-Dice Eliade: "Si es verdad que "nuestro mundo" es un Cosmos, todo ataque exterior amenaza con transformarlo en "Caos". Y puesto que "nuestro mundo" se ha fundado a imitación de la obra ejemplar de los dioses, la cosmogonía, los adversarios que lo atacan se asimilan a los enemigos de los dioses, a los demonios y sobre todo al archi-demonio, al Dragón primordial vencido por los dioses al comienzo de los tiempos."[50] "Avatar" plantea este enunciado pero invirtiendo su sentido. Los enemigos de los dioses no son en realidad los materialistas, que combaten a un único Dios y una única Iglesia y para lo cual defienden la libertad religiosa (que son quienes en definitiva pagaron esta película...con dinero de bolsillos ajenos, seguramente). Los humanos como representantes de Occidente, que los nativos llaman reiteradamente "la gente del cielo", son asimilados a los demonios, y por lo tanto, debe acabarse con ellos. Recuérdese que antes de Jake, todos los otros humanos habían sido asesinados "porque no se adaptaban". A éste no lo mató Neytiri porque recibió "una señal divina". Por otra parte, si bien la nave principal de los humanos es llamada "Dragón", el verdadero Dragón es aquel gigante que monta Jake –al que llaman "Toruk"- que, además, para ellos es un dios, "el dios de los cielos". La película lo muestra como un ser terrorífico y cuando Jake llega a la aldea volando sobre él, los nativos se atemorizan. Por lo tanto, la conclusión es que sólo hace falta alguien superdotado que sea capaz de usar el Dragón para una buena causa, para así obtener la victoria. Después de la cual el Dragón es liberado nuevamente. El animal que en la verdadera tradición simboliza lo demoníaco, el Dragón, es aquí un dios que baja del cielo dominado por alguien para vencer en la batalla. ¿Dominado por quién, por el nuevo "Mesías", es decir, el Anticristo? Es la figura del mal que, cuando es necesario, puede usarse para hacer el "bien".

---

[50] Mircea Eliade, *Lo sagrado y lo profano*", Ed. Labor, 1985.

-Continuando con lo anterior: en la caja de Pandora de los griegos estaban encerrados todos los males, que se desparramaron cuando fue abierta y en ella sólo quedó la esperanza. Cuando el árbol sagrado es destruido por "la gente del cielo", todos los males son liberados. Los Na'Vi huyen desalentados hasta el árbol de Eywa. Pero entonces algo les devuelve la esperanza: es el Dragón sobre el que viene montado el nuevo Mesías Jake. Anteriormente se había hecho referencia a la esperanza o la paz que había traído una vez el Dragón. Sentido mucho más siniestro que Cameron le otorga a esta horrible criatura, y por extensión al demonio como agente de la esperanza (de la suya y de los satanistas). Es el Diablo que trae al Anticristo.

-La montaña es un símbolo que aparece en muchísimas tradiciones, relacionado casi siempre con lo sagrado y la elevación espiritual. El Tabor, por ejemplo, aunque para otros el Hermón, monte de la Transfiguración, es llamado "símbolo del éxtasis beatífico, de la felicidad sobrenatural, del transporte del amor de Dios"[51] En "Avatar" aparecen unas "montañas flotantes" llamadas "Aleluya". ¿A cuento de qué estas montañas que flotan en el aire? No podemos asegurarlo, pero nos viene a la mente este pasaje del Evangelio: "En verdad os digo, que cualquiera que dijere a este monte: Quítate de ahí y échate al mar, no vacilando en su corazón, sino creyendo que cuanto dijere se ha de hacer, así se hará. Por tanto os aseguro que todas cuantas cosas pidiereis en la oración, tened fe de conseguirlas, y se os concederán."[52] Allí, parece decirnos Cameron, no hace falta la fe para que se muevan las montañas, allí todas las maravillas son posibles sin tener que pedirlas.

-Desde luego que coincidimos en que la actual sociedad norteamericana en particular, y humana en general, es delirante y está llevando al planeta a su destrucción. Pero el problema en

---

[51] Remigio Vilariño Ugarte, S. J., *"Vida de Nuestro Señor Jesucristo"*.
[52] San Marcos, 11, 23-24.

la película no es que diga esto, sino el lugar desde el que lo hace. Porque arrojándole una media verdad al espectador (ya que no le dice por qué las cosas están como están, como si fuera un fatalismo propio de la especie humana) lo induce a aceptar una solución falsa para estos problemas. Es decir, que toma una verdad a medias para hacerle aceptar al espectador una mentira.

-Los aliados del Nuevo Orden: Cuando en una escena de transición se muestra a Jake con sus compañeros científicos comiendo alrededor de una gran mesa, hay un momento en que la Dra. le dice (y con esto se confirma el papel ignorante en materia religiosa que aquí tiene la Gracia) que "Por algún motivo que no alcanzo a comprender los Omaticaya te eligieron". Mientras escuchamos esta línea del diálogo la cámara nos muestra un plano algo lejano de Spellman que observa celoso: es el judío que perdió su lugar a manos de un gentil. Luego Jake dirá que "Norm mejoró su actitud, aunque él también piensa que soy un idiota". Finalmente todos se unirán, identificados con esta nueva religión. Cuando los humanos abandonan Pandora para "regresar a su planeta delirante", sólo quedan unos pocos elegidos entre los Na'Vi: el judío Spellman y Max, un científico que parece hindú o de aquellas regiones. ¿Qué hay de la vieja Europa, de los rusos o los chinos? Solamente se ve una persona oriental, una china que está para encenderle el cigarrillo a la Dra. Gracia. Europa se asimila a Norteamérica y todo Occidente. Rusia y China son rivales. ¿Latinoamérica? Estaba la piloto del helicóptero, que les sirvió para combatir y se murió, parece que no servía para nada más. Esa nueva era de esperanza, entonces, reúne a aquellos capaces de reconocer y aceptar al Nuevo Mesías, que de todos modos no deja de ser alguien surgido de "América" (recuérdese: el discurso que Jake hace cuando baja del Dragón lo dice en inglés). ¿Acaso esta es una nueva forma del imperialismo en la era de Obama, que pretende cambiar la imagen a esta altura estereotipada de Bush?

-Número que se repite: esto puede no ser importante, pero viendo la cantidad de signos que el esoterismo quiere introducir en las mentes de millones de espectadores, nos llama la atención la repetición del número 6. Primero, cuando Jake dice que estuvo seis años congelado en criogénesis (después otro marine da una cifra menor y más exacta, pero Jake dice "seis"). Una vez instalado en Pandora, uno de los científicos le dice que estará allí seis años. Mucho más tarde, cuando Neytiri le habla del Toruk o Dragón, le dirá que sólo cinco veces alguien pudo dominar al monstruo de los aires. La sexta vez será la de Jake. Nos preguntamos, ¿por qué no cuatro veces, o tres, u ocho? ¿Por qué ese número que se repite? Sabemos el sentido satánico que se le confiere al mismo ("666"). De su utilización por los cabalistas judíos. Los masones y gnósticos también.

-Antiguamente los maestros orientales eran llamados rabí (así le decían a Jesucristo), pero a veces también nabí, que viene a ser lo mismo. Los "Na'Vi" (se pronuncia con acento en la "i") son una raza de maestros, Jake Sully es el supremo rabí o nabí, otro rasgo que lo asimila a Jesucristo en la aberrante versión cameroniana.

-Por supuesto, cuando se dice en la película que "Eywa proveerá", y dos veces, queda a las claras que el mono de Dios está dando letra a Cameron y los hacedores de esta película, cuya única intención es atacar al único y verdadero Dios.

- En el repertorio de referencias o citas cinematográficas, se destaca la mención de "Apocalipse Now", la película de Cóppola de 30 años atrás. Además de la inclusión de las "Valquirias", los helicópteros que remiten a aquel Vietnam, y de hacer del Coronel Quaritch – a quien algunos medios llaman fascista, ¡por supuesto!- un nuevo "avatar" del Coronel Kilgore, Cameron lo que hace es "corregir" a Cóppola en este sentido: si en aquel film Willard se alejaba del mundo pagano y primitivo después de matar a Kurtz, pero para quedar prisionero de un recuerdo teñido del "horror", y sin encontrar la salida, la única salida que Cóppola tampoco encontró (véase sino su película "Juventud sin juventud"), Cameron hace que su héroe –otro Willard- se interne en la selva pero para convertirse en un nuevo Kurtz, prefiriendo las bondades del paganismo primitivo a la moderna sociedad norteamericana. Por supuesto, el cristianismo no existe para estos directores, cuyo aporte en definitiva sólo sirve para sumar a la confusión general.

LAS CRÍTICAS

Como sus personajes, "Avatar" se conecta a la corriente de lo políticamente correcto que hoy impera en el mundo, para situar facilonamente al espectador en una contienda maniquea entre indígenas "buenos" vs. blancos "malos" o guerrilleros "buenos" vs. militares "malos", que deja en claro dónde debe estar su simpatía. De allí la primera lectura que muchos hacen a través de lo político-social, sin darse cuenta que Cameron va mucho más allá. Así, los medios de izquierda se congratulan –a pesar del excesivo grado de fantasía que a sus estómagos les repugna- de que "Avatar" instale la discusión sobre la explotación minera y de los recursos minerales, o tome partido por los indígenas sometidos por el capitalismo y los hombres blancos, al punto que el cocalero presidente de Bolivia el marxista y anti-católico Evo Morales declare que la película lo entusiasmó porque es "una profunda muestra de la resistencia frente al capitalismo y la lucha por la defensa de la naturaleza" y también una "batalla contra el sistema que quiere acabar con la Madre Tierra". La información se completa diciendo que "El mandatario logró, junto a otros países, que la ONU declare el 22 de abril como "Día Internacional de la Madre Tierra" y propone la creación de un "tribunal de justicia de los derechos de la madre tierra" para sancionar la destrucción del medio ambiente". Algunos se toman de esto, alborozados, para decir que el artista es el chamán de la tribu cuando lo verdadero es decir que el artista hoy es el esclavo del mundo enemigo de Cristo y al servicio del Nuevo Orden Mundial. Precisamente el indigenismo, instrumentado sobre todo desde Londres, es una de las armas que tiene el Poder Mundial para luchar contra los restos del catolicismo y lograr la ocupación de vastos territorios fértiles (Patagonia, Amazonia, Australia, etc.) con el argumento de "los derechos de los pueblos originarios". Como señal a una concertada con el Poder Mundial, ya en su momento el presidente de Perú, Toledo, egresado de Harvard, rindió su homenaje a la "Pachamama", lo mismo que en payasesco acto, el presidente argentino Kirchner. Y Morales, al fin y al cabo, despotrica contra la herencia española, pero lo hace hablando en español. ¿Acaso es tan ingenuo para creer que el sistema se gasta U$S 400.000.000.- (sí, cuatrocientos millones de dólares entre producción y publicidad) y que McDonalds y Coca-Cola promocionan una película que es contraria a sus intereses? ¿Es probable que ignore que la Revolución rusa de 1917 fue financiada por los banqueros de Wall-Street? ¿No es la ONU un organismo masónico que predica e impone mundialmente lo mismo que Evo Morales? ¿Quiénes fueron los que lanzaron la leyenda negra contra la conquista española que Morales publicita, sino los expoliadores capitalistas anticatólicos de aquel entonces?

Otros medios de la izquierda, como *Página/12*, dicen que "En lo ideológico, no se puede sino adherir, por supuesto, al "mensaje" ecologista y antibélico que anida en el centro de la película", pero, se lamentan, "la corrección política de Avatar parece demasiado básica, elemental –algo así como la guerra de Irak explicada a los niños– como para despertar alguna conciencia. Pero si se considera el descomunal éxito que la película ya está teniendo en los Estados Unidos, sería una felicidad equivocarse". Como suele suceder, la izquierda ve lo que desearía ver, y solamente ello. Pero no se preocupa de dar a conocer sus coincidencias con el Poder Mundial, quien es en definitiva quien la sostiene. La misma lectura obvia de la guerra de Irak y anteriores hace el siempre equivocado "crítico" Diego Lerer desde *Clarín*, que, sin embargo, llega a advertir ciertas contradicciones en la película: "Avatar es un cúmulo de contradicciones. Una película ecologista y defensora de la naturaleza hecha casi toda digital, virtual. Un filme sobre el respeto a la identidad cultural de los pueblos que aterriza en los cines de todo el mundo a la manera de un ejército invasor. Una apuesta a una revolución técnica armada con una estructura narrativa propia de la literatura del siglo XIX. Una épica de motivos cristianos para una película que abraza una suerte de panteísmo científico. Y así se podría seguir al infinito". Claro que, tras ese arranque de lucidez, su respuesta es lamentable, porque prefiere adherirse a la corriente de la historia (no sabemos si enchufado o no) al terminar diciendo: "Sin embargo, todas esas contradicciones, más que arruinar la experiencia, la expanden, enriquecen sus lecturas". Y así es todo. Porque si la película "enriquece las lecturas", la lectura que este periodista da es más bien complaciente y no llega al fondo de la cuestión, cosa que, como crítico, es su deber. Por ejemplo, que "un filme sobre el respeto a la identidad cultural de los pueblos aterrice en los cines de todo el mundo a la manera de un ejército invasor", lleva, por lo menos, a sospechar de esas buenas intenciones de tolerancia cultural, cuando todo el mundo –y la expresión no es exagerada- está viendo la misma película, probablemente en la misma clase de cines y seguramente con olor a pochoclo (pop-corn le llaman los yanquis) a su alrededor. Por lo que, esta "tolerancia a los pueblos originarios" que incluye a "sus religiones" no tiene otro propósito más que mostrar qué es todo aquello que no impide su omnipotencia, y suprimir de las mentes anestesiadas por la diversión la idea de la verdad, que es de por sí intolerante con la mentira. Con esta película se descarta toda idea de "misión" religiosa, inadmisible hoy en día, a la vez que se "convierte" a los nuevos zombies a la religión universal que hace del hombre un dios.

El diario oficial del Vaticano, *L'Osservatore Romano*, en cambio, "señala que Cameron hace un paralelo entre el "genocidio" de los blancos contra las poblaciones nativas de Estados Unidos, presentando a los humanos de la película, como a los primeros y a los segundos como a los "na'vi" de la cinta que habitan en el mundo de Pandora, lugar donde transcurre la ficción" (ACI). ¿Hasta qué punto son aplicables estas interpretaciones, la de la política en relación a Irak y la búsqueda de petróleo, y la del genocidio indiano en Norteamérica? Sí, estirando la cosa puede llegarse hasta allí, pero la película, creemos, no apunta a ello. El motivo fundamental de la "Compañía" para estar en Pandora es la explotación de un valiosísimo mineral subterráneo (que, obviamente, es el McGuffin de la película, pero para nosotros también simboliza el fruto del árbol del bien y del mal, que promete hacer a los hombres como dioses y al cual los Na'Vi no han recurrido; porque ya lo son). Algunos dicen: se trata del petróleo de medio oriente. Pero, ¿acaso la presencia norteamericana en medio oriente obedece sólo a buscar este recurso? No, además de su estrategia de ocupación –en especial de Afganistán y el Cáucaso- contra la hegemonía de Rusia y China, Estados Unidos ha sido llevado allí de las narices por Israel, quien en verdad domina su política exterior. Y la lucha de Israel es por sobre todo una lucha religiosa. Es cierto, el petróleo está, pero, ¿qué pueblos como los Na'Vi viven en aquellos lugares?

Si queremos pensar en el genocidio norteamericano contra sus aborígenes, algo de lo que nunca se habla, nos preguntamos, ¿qué recurso natural valioso se buscaba para desalojarlos de allí? Y, ¿qué cultura extraordinaria, qué saber oculto escondían aquellas tribus? Puede sugerirse que se quiso hablar de la conquista española que vino a estas tierras buscando el oro escondido y produjo –según ellos- un genocidio de pueblos sabios. Por allí la cosa se hace más clara, porque además los españoles trajeron misioneros que se acercaban a los indios. En "Avatar" los avatares vienen a ser algo así como "misioneros" destinados a introducirse entre los nativos, pero interesados más bien en aprender de los indígenas para hacerlos cooperar con los conquistadores. Sin embargo, la película no hace referencia específica a ninguna de estas conquistas señaladas. Porque, según venimos diciendo, apunta a lo universal y Cameron no debe ser explícito en este sentido, pues lo importante es poner el foco en las bondades de una cultura y espiritualidad paganas donde no ha penetrado el cristianismo y donde, se nos dice, *no es necesario*. Después, que haya sido el cristianismo o el anticristianismo el responsable de diversas conquistas o masacres, eso ya es otra historia que jamás se nos aclarará. Hoy no es posible que en una película como esta se ataque tan abiertamente al cristianismo, cuando lo que se desea es la conquista de los cristianos mediante estos ardides.

El comentarista de asuntos religiosos del *New York Times*, Ross Duhat, ve un poco mejor las cosas, al decir que "Avatar" presenta "una apología del panteísmo, una fe que hace a Dios igual a la naturaleza, y llama a la humanidad a una comunión religiosa con el mundo natural". Este comentarista, prosigue citándolo el *Osservatore Romano*, "recuerda que esta visión religiosa es una especie de caballito de batalla del Hollywood más reciente. Para el comentarista la opción panteísta de Cameron y de la industria cinematográfica de Estados Unidos en general, sigue a través de este camino porque 'millones de estadounidenses han respondido a ella de manera muy positiva'".

Un joven bienintencionado que se declara "en estado de shock" a raíz de esta película, influenciado por una teoría del cine "esotérica", desde un lugar que se piensa católico (el farettismo), escribe elogiosamente, en Internet, lo siguiente: "En Titanic, el artista era Jack Dawson; en Avatar, es James Cameron. Por eso, además, en Pandora, no hay arte sino ritual y culto, es decir, arte verdaderamente vivo: Religión". Muy bien, perfecto. Pero: ¿Qué religión se nos presenta ahí, confundido crítico, se puede saber? ¿Se presenta la única Religión verdadera o se publicita, se promueve, se defiende una religión falsa y se afrenta de esa manera al verdadero y único Dios, Uno y Trino que es Padre y no madre y por eso rezamos el "Padre nuestro"? Algunos parece que basta con que, por oponerse al craso materialismo imperante, se les muestre la zanahoria de lo "tradicional" y "religioso" para que corran insensatamente detrás de cualquier proyecto contrario a las ideas que dicen profesar. Una venda muy oscura cubre sus ojos, venda que sólo con pedirlo pueden obtener que se la quiten. Pero deben pedirlo y desearlo, claro está. Nosotros, como es un deber corregir al que yerra, procuramos cumplir con ello, y recordarnos estas cosas a nosotros mismos para no tropezar.

Así las cosas, según vemos, en general los medios o hablan de un entretenimiento ambicioso y fascinante, o de los motivos políticos o científicos de la película, o los menos de una religiosidad sentimental que no llega al fondo de la cuestión. Nadie habla de lo que el film plantea: *una guerra religiosa*. Algunos porque no lo ven, otros porque no les conviene. Pero es claro que la película se inscribe dentro de una avanzada general de los medios y especialmente del cine donde uno de los temas dominantes es el del fin del mundo, y junto con éste, el anticristianismo. Como la reciente "2012", las próximas a estrenarse "Tierra de zombies" (todo un título autoconsciente) o "The road" entre tantas de sesgo "apocalíptico". O como las también a estrenarse "Agora", "Creation" (¡todavía con Darwin!) o el film de animación "Cómo entrenar a un dragón". Hollywood es hoy la punta de lanza de esta invasión disimulada donde no hay coroneles de mandíbula rígida y bíceps trabajados al frente, sino muñequitos de colores amistosos y políticamente correctos. Veamos un ejemplo de esta mentalidad imbécil de los que hacen y difunden estas películas: Woody Harrelson, de la película de los zombies, dice en un reciente reportaje: "Mi relación con la religión y con Dios ha sido cambiante. De chico era muy cristiano. De hecho, en algún momento pensé en convertirme en pastor. Pero la idea de que es la religión de uno la que conoce y garantiza el camino a Dios, y que las otras no, me provocó rechazo. Pero haber leído la biografía del yogui Paramahansa Yogananda, haber descubierto otra mirada, más integradora, hizo que volviera a creer. En todo caso, creo que Dios es la Naturaleza. Sin embargo, en lo que respecta al cuidado del medio ambiente, la decisión pasa por los políticos" (*Clarín*, 26 de enero de 2010). Esta es la seriedad con que Hollywood encara todos los temas que luego nos imponen como si fueran inocuas diversiones a la vez que lecciones de moral. Ya no se puede decir como alguna vez dijo el Padre Castellani: "Religión de Hollywood ¡sentimentalismo naturalista!"[53] porque también nos venden –y compramos- anticatolicismo furioso y pronto, satanismo. Ahora encima en 3D.

Sin embargo lo que no se dice, ¡pero se lo acepta!, es que los Na'Vi son intolerantes para con los demás. Con ellos no puede vivir el diferente, ni siquiera físicamente, porque eso implicaría atentar contra el equilibrio de su naturaleza. Por lo tanto, quien quiera vivir como ellos debe seguir sus reglas y, también, sus creencias. Ahora bien, esos personajes son tolerados por el público porque las ideas de los Na'Vi son las que hoy se defienden por doquier y todo el mundo tiene. Todos quieren ser como

---

[53] "*El Apokalypsis*", traduc. de Castellani, pág. 55, Ed. Jus, México, 1967.

dioses y los Na'Vi los confirman en ese camino. Pero, por supuesto, la vida no es como en la película, y si soy un dios pienso sólo en mis derechos y no en mis deberes, con lo cual terminaré chocando con el ego de los demás dioses. Las sociedades primitivas, es comprobable, se sostienen mediante la crueldad con el extranjero. En "curar" ese exceso consisten sus rituales religiosos, movidos en el fondo por los demonios que los mantienen sometidos lejos de la luz de la verdad que es Cristo.

SALIDA

El católico que vea esta película saldrá del cine irritado o molesto con una obra que se dedica a ofender a Dios y difundir creencias falsas para corromper a los espectadores. Por lo menos nosotros hemos tenido el deseo de vengar el honor de Dios, el único verdadero, el Padre nuestro, ante semejante infamia. Decía Federico Bracht que la Gran Herejía, la última, será igual a la primera: el odio a la Creación de Dios. Y para llegar a ello son todas las otras herejías en que se mueve Satanás. "Avatar" es un esbozo de ello, llegando Cameron al extremo de querer hacer que el espectador se identifique con sus criaturas azules antes que con los hombres. Pero es imposible identificarse con un *muñequito* antes que con un hombre, todo lo malo que sea, criatura hecha a imagen y semejanza de Dios. Dios no hace muñequitos manipulables a voluntad, sino hombres libres de amarlo que sólo se condenan por su culpa. Preferimos de nuestra parte la mirada furiosa del Coronel Quaritch a los ojos vacíos de una marioneta que se pretende no lo sea. Preferimos la tierra devastada donde aun otorga su gracia el buen Dios, a los placeres dionisíacos de los paraísos artificiales hollywoodenses.

El filme en sí, entonces, más allá de la reconocida aptitud de Cameron para las escenas de acción, es un ensamble de escenas pueriles, personajes obvios, diálogos de telenovela y maniqueísmo a lo Disney que no hacen sino confirmar el deseo de Cameron, esta vez más claro que nunca, de *manipular al espectador como lo hace con sus marionetas*. Lo grave es la avasallante difusión que se le da a este "tanque" que, en algún sentido, puede ser tildado de satánico. En nuestro país se exhibe en 215 salas (casi el doble de la película que ocupa el segundo lugar) y, en cuatro semanas en cartel, ya ha llevado a las salas 1.476.430 espectadores. Internacionalmente lleva recaudados, dicen los diarios, U$S 1.288 millones de dólares (sic), superando a "Titanic", también de Cameron (a esta altura lo diremos: si no es masón, sirve muy bien a la maldita secta). Pero estas cosas no pueden sorprendernos: es el mundo de lo políticamente correcto, donde impera, como decía Gómez Dávila, "una unanimidad asfixiante". Es el mundo del orgullo y el éxito que quiere imponerse sobre la humildad, ignorando aquello de Kempis: "Señor del mundo es el que destruye su inclinación oculta hacia sí mismo."[54] Por eso queremos evitarlo, siguiendo los sabios consejos que nos da San Vicente de Lerins: "Pero volvamos a la exhortación del Apóstol: *"¡Oh, Timoteo!, guarda el depósito, evitando las novedades profanas en las expresiones"*. Evítalos, le dice, como se hace con una víbora, con un escorpión, con un basilisco, para que no solamente el contacto, pero ni siquiera su vista y su aliento te hieran. Ahora bien, ¿qué significa evitar? *"Con gente así no debéis ni tomar bocado"* (cfr. I Corintios, 5, 11). Y también: *"Si viene alguno a vosotros, y no trae esta doctrina* -¿y qué doctrina, sino la católica universal, que permanece siendo única e idéntica a través de los siglos, en una incorrupta

---

[54] Cit. por G. Gueydan de Roussel en ob. cit.

tradición de verdad, y que permanecerá así siempre?- *no le recibáis en casa, ni le saludéis. Porque quien le saluda participa en sus acciones perversas"* (cfr. II San Juan, 10-11)".[55]

Hacemos mención de un texto como el anterior porque esta clase de películas vienen, como acabamos de intentar demostrar, inoculadas de un veneno mortal para aquellos desprevenidos que no buscan acendrar su fe en la inmutable doctrina católica. Para nosotros es una muestra más de cómo se pretende ocultar aquello que una vez más debemos recordar:

"Es necesario decirlo de nuevo enérgicamente en estos tiempos de anarquía social e intelectual en los que cada uno se erige en doctor y legislador...no se levantará la ciudad sino como Dios la ha levantado, no se edificará la sociedad si la Iglesia no pone los cimientos y dirige sus trabajos. No, la civilización no está por inventarse, ni la ciudad por construirse en las nubes. Ha existido, existe; es la civilización cristiana, es la ciudad católica. No se trata más que de instaurarla y restaurarla sobre sus naturales y divinos fundamentos contra los ataques, siempre renovados de la utopía nociva, de la rebeldía y de la impiedad: OMNIA INSTAURARE IN CHRISTO." San Pío X

29 de enero de 2010

Fiesta de San Francisco de Sales

A.M.D.G.

---

[55] San Vicente de Lerins, *"El Conmonitorio"*, Ed. Las Nazarenas, 2005.

ANEXO I

AVATAR "CON ESCENAS NUNCA VISTAS"
25 de septiembre de 2010

Se produce el re-estreno de Avatar con "escenas nunca vistas" (entre ellas una de sexo, muy políticamente acorde con estos tiempos). Como se hacía antes con los films en DVD, ahora debe anticiparse esta entrega, para levantar un poco la audiencia, que parece se esperaba fuese mayor.

Invitamos al lector a saber por qué los medios del sistema han hecho lo posible por elogiar esta película o -ante la evidencia de que es tan mala- evitar que sus lectores puedan pensar que no deberían ir a verla. De allí que las calificaciones estén entre lo aceptable y lo muy bueno.

También, porqué los críticos políticamente correctos de tan diversas tendencias se adhieren a este film, algunos fanáticamente –en especial los que abrazan una visión del mundo "esotérica" o "sectaria"- hasta el punto de tornarse agresivos e insolentes con quienes no concuerdan con sus ideas y opiniones y las ponen en entredicho no mediante vituperios o burlas, sino mediante razones y evidencias (v.gr., el farettismo).

El mundo está enfermo de sentimentalismo y de subjetivismo, y cuando los críticos no *sienten* nada ante el film se muestran –esto está muy claro- incapaces de pensar. Curioso: su profesión es la de saber mirar para poder ver, pero allí se quedan, en el umbral del "me parece" o el "yo decido". En algunos dogmáticos parece que "la afirmación reemplaza la demostración", como decía Salleron acerca de Teilhard de Chardin. Se olvida muy fácilmente que, como dice un antiguo Misal, sólo "la fe libra y defiende de errores a la razón".

"Avatar" es la culminación de la herejía gnóstica que por fin ha logrado pasar todo su contenido íntegro debido a la confusión e ignorancia general en materia religiosa. Como decimos en nuestro libro "El mirar del cine", el carácter universal del lenguaje del cine era el terreno propicio para volver al uso del lenguaje simbólico y retornar a la consideración de lo misterioso. El cine podía oponerse a la "desmitificación" secularista liberal recuperando para la esfera imaginativa los mitos, o una mentalidad que se servía de los relatos para transmitir un saber tradicional. El asunto era poder conciliar esto con la racionalidad – no el racionalismo- en una armonía que durante la Cristiandad se había logrado sintetizar en la unidad entre la fe cristiana y la cultura antigua. Sólo bajo una estricta ortodoxia esta unidad pudo darse. El cine hereda la tradición de Occidente derivada de la Cristiandad medieval pero partida en infinitos fragmentos, en un proceso de secularización que a la vez era acechado por fuerzas imaginativas mitificadoras no "clarificadas racionalmente (en palabras de Rafael Gambra) por la labor de la Iglesia, dejadas a su suerte en un primitivismo pagano que las fuerzas gnósticas iban a saber re-utilizar".

Hoy la confusión reina y cualquier cosa con atisbos de lo religioso o tradicional es tomada por buena o asimilada sin la clarificación necesaria. Para aquellos que adhieren apasionadamente a esta película, ya no es el Cristianismo la alternativa válida contra el materialismo ateo de la modernidad. Para ellos la salvación no se encuentra en Jesucristo, nuestro Salvador, y sólo en Él. Hay otros nombres que pueden salvarnos, otras deidades, otras religiones. Dios (a quien Jesús llamó Padre y no "Madre") puede ser una diosa madre, ¿qué problema hay? Total, se está hablando simbólicamente –argumentarán- no explícitamente, ya que en este mundo de hoy no puede hablarse de Jesucristo. ¡Estupendo! Hagamos un sincretismo agradable al mundo (Mundo que es enemigo de Cristo y los cristianos, recuérdese) para que cinco personas crean entender allí que se debe vivir según la "tradición primordial", ya que no queda otra forma de oponerse al materialismo moderno. Imagine el lector a los primeros cristianos, perseguidos por el paganismo, haciendo tal razonamiento, y hoy no existirían cristianos. *"¿Quién es mentiroso sino aquel que niega que Jesús es el Cristo? Este tal es un anticristo, que niega al Padre, y al Hijo. Cualquiera que niega al Hijo, no tiene al Padre; quien confiesa al Hijo, tiene también al Padre"* (I Jn. 2, 22). Cameron niega al Hijo, por eso en vez de al Padre tiene una "Madre", bastante fea por cierto.

¿Qué dijeron los críticos y periodistas que apoyan esta película? Contra la opinión de Faretta –desde luego, el más serio de todos ellos-, tanto los progres católicos como los comunistas han estado de acuerdo en elogiar la película. Se destacan sobre todo los judíos anticatólicos. Veamos:

"Gloriosa (...) Creada para conquistar los corazones, mentes, libros de historia y marcas taquilleras, la película –la más cara de la historia- es gloriosa, simple y felizmente alocada (...) (Cameron) no ha cambiado el cine, pero con gente azul y flora rosa ha confirmado que es maravilloso"

(Manohla Dargis – THE NEW YORK TIMES)

"(…) los años venideros definirán qué películas pueden lograrlo (la perfección técnico-visual de Avatar) (...) Destinada a divertir, lo hará".

(Richard Corliss – TIME)

"Avatar de James Cameron, es la película más hermosa que he visto en años"

(David Denby – THE NEW YORKER)

"Avatar no es solo un entretenimiento sensacional sino una revelación técnica. Está predestinada a ser una película de culto".

(Roger Ebert – CHICAGO SUN TIMES)

"Extiende las posibilidades de lo que puede hacer una película. El talento de Cameron es tan grande como sus sueños".

(Peter Travers – Revista ROLLING STONE)

"Avatar es, indudablemente, una experiencia que te transporta, un viaje que toda persona a la que le interesen las películas debería hacer".

(Rene Rodríguez – MIAMI HERALD)

"James Cameron ha probado su argumento: él es el rey del mundo".

(Revista THE HOLLYWOOD REPORTER)

"Experiencia extremadamente gratificante".

(Revista EMPIRE)

"Cameron está de vuelta. Y su regreso es más que bienvenido. Muy buena".

(Diego Lerer – CLARÍN)

"James Cameron, director de Avatar, tomó el camino difícil al hacer coincidir la maravilla y la extrañeza con lo bueno".

(Pablo de Santis – Revista Ñ CLARÍN)

"...seguiremos apostando a que la flama de lo humano maravilloso, por tenue que parezca, perviva en el envase que sea: se trate de un humanoide azul de tres metros de alto, de algo que se parece a una cucaracha gigantesca o de un robot que compacta chatarra".

(Marcelo Figueras – Revista Ñ CLARÍN)

"Avatar es muchas cosas, muchas buenas y hasta muy buenas también, pero ciertamente no revolucionará el cine. (...) Avatar es, de todos modos, un espectáculo cinematográfico alucinante, un viaje a un mundo que al final de las entretenidas más de dos horas y media de metraje al espectador le costará dejar atrás. Nuestra opinión: Muy buena".

(Natalia Trzenko – LA NACIÓN)

"En lo ideológico, no se puede sino adherir, por supuesto, al "mensaje" ecologista y antibélico que anida en el centro de la película".

(Luciano Monteagudo – PAGINA/12)

"¿De qué se ocupa? Quizá de lo mucho que nos hemos equivocado hasta ahora los humanos, y de la necesidad de barajar y dar de nuevo. Visualmente asombroso".

(Jorge Carnevale – Revista NOTICIAS)

"Inolvidable para los fanáticos del género e imperdible para cualquier tipo de espectador, Avatar propone una experiencia que no sólo hay que visualizar, sino vivenciar. 5 (cinco) zapatos".

(Amadeo Lukas - Revista VEINTITRÉS)

"La película merece otras miradas y lecturas. Y allí es donde aparecen los méritos, que no sólo tienen que ver con sus proezas formales. 7 puntos".

(Diego Batlle – OTROS CINES)

"Avatar es la octava maravilla del mundo del cine"

(Revista EL AMANTE)

"Satisfacción garantizada, y en tres dimensiones".

(Pablo Strozza – Revista ROLLING STONE)

"Fíjense que tanto el pequeño catoliquito correcto e ignorantón, como el vetusto comunista mutado ahora en progresista parecen estar de acuerdo y formar una alianza contra este film, tal como viene sucediendo desde la autoconciencia. ¿No les parece significativo, queridos amigos?"

(Ángel Faretta - angelfaretta.com.ar)

"La última vez que salí del cine con esta sensación fue con "La guerra de las galaxias". Es la película de ciencia ficción más evocadora y maravillosa desde aquella".

(Steven Spielberg, director de cine)

"Desde el comienzo, se me puso la piel de gallina. Es inspiradora".

(Bryan Singer, director de cine)

"Una profunda muestra de la resistencia frente al capitalismo y la lucha por la defensa de la naturaleza", "batalla contra el sistema que quiere acabar con la Madre Tierra".

(Evo Morales, presidente de Bolivia)

ANEXO II

"CON PASIÓN Y A LOS GRITOS"
30 de mayo de 2011

Parece oportuno, ahora que un canal de cable ofrece y publicita masivamente en la vía pública entre otros productos la película *Avatar*, agregar una *addenda* a lo ya escrito por nosotros en ocasión de su estreno. Lejos de haber agotado el tema, la renovación de tal nefasta exhibición para el público nos permite volver a la ofensiva contra la herejía, las malas doctrinas y la confusión crítica. Tanto aquellos que la han apoyado como los que la han combatido lo han hecho –según creemos- por razones equivocadas o con escasa claridad expositiva. Unos intuyendo el mal que hay inserto en la película –un disparate que, debemos confesarlo, nos resulta imposible aguantar otra vez por completo-; otros, negándose a ver –y, lamentablemente, también a callar.

No son pocos los sitios que mencionan el carácter de masón de James Cameron, y comprobable o no, no resulta improbable que lo sea, visto y considerando toda su obra, su repercusión, e incluso su ataque directo a Jesucristo negando su resurrección a través del falso documental de *Discovery Channel*.

Podrá decirse que los que apoyan el film no ahondan demasiado y que sólo se quedan en la cuestión ecológica, pues el mismo Cameron les da pie para ello pues ha adoptado ese disfraz; en el sitio oficial de la película puede verse un documental de Cameron en Brasil, en un foro internacional de ecología sustentable o algo así, con Cameron disfrazado y pintada la cara por los indígenas como el muñequito azul de *Avatar*, en actitud "humanitaria" que sólo los ingenuos serán capaces de tragar.

Por otro lado se ha podido encontrar en un número de la banal e hinchada revista de cine *El Amante* una entrevista a Ángel Faretta (número 213, febrero de 2010, disponible en Internet). Allí fue entrevistado por un crítico, periodista y docente llamado Leonardo D'Espósito, un periodista muy obsecuente que, por cierto, no tiene buenos antecedentes: escribió en revistas como *Noticias* del pornógrafo Fontevecchia, en la siempre anticatólica *Ñ* de *Clarín*, en la nueva y muy anticatólica *El Guardián*, una verdadera basura editada por Moneta, en los diarios *Perfil* –desde donde dijo cosas muy estúpidas sobre la película *"Apocalypto"*- y en *Crítica* de Lanata –diario anticatólico que no existe más-; tampoco se privó de hablar de sus prácticas sexuales en el vómito anticatólico *Página/12*, boletín oficial del gobierno kirchnerista. ¿Qué tal?

Dice –o grita- D'Espósito en *"El Amante*: *"Porque Avatar requiere hablar con pasión y a los gritos de cine"*. Nosotros vamos a evitar los gritos, propios de quienes se exaltan cuando no tienen razón, y sosegados trataremos de exponer lo que creemos es la verdad acerca de esta película, en un refuerzo de nuestro extenso escrito, sin ánimo vindicativo, sino de esclarecimiento. El lector tiene derecho a disentir sin temor a ser descalificado. Pero debe aceptar las consecuencias de su pereza interpretativa o razonante.

Veamos algunas citas textuales de Faretta:

"¿Qué es lo que está diciendo la película? Que lo que tenés a mano en ese satélite donde -fundamental- no hay diferencia entre el mito y la historia es un mundo donde aún quedan recursos, y recursos míticos. Por eso no es una película panteísta, porque el panteísmo moderno se basa en la ética de Spinoza, que dice que Dios no ama ni detesta a nadie. Justamente acá, el invasor logra que la Diosa -que es Dios; la película da también

una respuesta a ciertas reivindicaciones estúpidas del feminismo: no es que nosotros nombramos a Dios masculino, sino que originalmente la casta sacerdotal judía era masculina; si en el planeta Tal los sacerdotes fueran mujeres, hablarían de la Diosa, como pasa acá- intervenga, o sea que si uno le reza a Dios, puede intervenir. ¿Pero cómo interviene? Sacrificándose: así, el personaje que primero es un invasor es crucificado y padece dentro de su propia creación antes de salvar al resto."

Acá se mezclan varias cosas que son inexactas. Remitimos al lector a lo escrito en el apartado "Panteísmo sutil" de nuestro ensayo, a lo que añadimos lo siguiente:

1. Si uno le reza a la diosa interviene: pero sólo si el reza el Ungido. Hasta entonces la "madre naturaleza" o "gaia" mantenía todo en orden y equilibrio, pero no intervenía en disputas entre sus criaturas. Cuando llega el "Mesías" sí lo hace. Por lo tanto hay un cambio en esa divinidad, una modificación sustancial debido a ese Mesías: ya no hay diferencia de sustancia entre uno y otra.

2. La "Diosa" *no es* Dios, no puede hacerse esa analogía sin caer en la inversión blasfema. Dios es Dios, pero no porque los hombres sean machistas ni porque la casta sacerdotal judía fuera masculina y entonces le llame así (por otra parte, no es sin razón que el sacerdocio es para los hombres y no las mujeres). No se lo llama Dios "por haber surgido en una sociedad patriarcal". Sabemos que Dios es Padre y no Madre –como se la llama en la película- y esto no es una cuestión menor, o semántica o antropológica. Dios creó primero al hombre y luego a la mujer, por eso el padre es primero, tiene preeminencia, y eso viene desde el primer padre de todos los hombres, Adán. Por otra parte, la primera persona de la Santísima Trinidad –nos lo ha revelado Nuestro Señor- es el Padre. No es válido postular otra posibilidad, o dar como válido el decir "Madre nuestra que estás en los cielos…" para simbolizar la religión de los cristianos porque

sencillamente se están cambiando las cosas tal como Dios las quiso, y ese cambio no es menor. No puede hacerse cualquier disparate con tal de que parezca "religioso". Le guste o no a Faretta, hay una sola religión verdadera.

Sucede en la película que no se nombra a Dios como no lo hacen tampoco los masones en sus actos oficiales, porque ellos lo consideran una falsa divinidad. Cameron le pone el nombre de "Eywa", que suena parecido a "Aiwass", la supuesta divinidad (en realidad un demonio) que le servía de oráculo al satanista Alastair Crawley.

3. Sigue la cita: D'Espósito le da pie a Faretta para que diga esto: *"¿Pero cómo interviene? (Dios) Sacrificándose: así, el personaje que primero es un invasor es crucificado y padece dentro de su propia creación antes de salvar al resto."*

Acá se está diciendo que ese personaje que antes era humano y ahora es Na'Vi, Jake Sully, ese personaje es Dios, y que se sacrifica para salvar al resto. Vayamos a lo segundo: no es verdad que el personaje sea crucificado, porque lo que justamente ya aclaramos en nuestro largo ensayo es que ese sacrificio le es evitado, no sólo no muere ni siquiera recibe un rasguño, no da una gota de sangre. Ni siquiera simbólicamente puede interpretarse que se sacrifica (en todo caso podría interpretarse que es parte de un ritual masón, ya que el candidato a ingresar lleva una cuerda al cuello al ingresar a la logia por primera vez, la que luego le es quitada). Los teólogos definen así el sacrificio: *"Es la ofrenda que se hace a solo Dios, por medio de un ministro legítimo, de una cosa sensible destruyéndola o transformándola en otra, para reconocer y dar testimonio del supremo dominio de Dios sobre todas las cosas, y expresar nuestro acatamiento"* (P. Andrés Azcárate, O.S.B., *Curso fácil de liturgia*, Editorial San Benito, Buenos Aires). Pues bien: acá ni se ofrece a Jake Sully a la "diosa", ni se lo destruye o transforma. A Cristo lo bajaron de la cruz muerto e irreconocible, a este otro lo liberan enseguida porque confían en que sea el mesías carnal y poderoso que va a salvar al pueblo de los invasores (sería una trasposición del Mesías que esperaban los judíos: un rey poderoso que expulsara a los romanos y gobernara esplendorosamente). Es decir que acá el mesías los salva *porque* no hay sacrificio: es una negación explícita, ¿qué más debe hacerse para que lo vean? Y además, la sacerdotisa es la que lo libera, invirtiendo el sentido del sacerdote cristiano, que es ofrecer el sacrificio.

Segunda parte: se trata de una reedición de la herejía nestoriana, que con ocasión del film "*La última tentación de Cristo*" lamentablemente ya se manifestara. El padre Calderón en su enjundioso estudió lo llamó "neo-nestorianismo". Acá la cosa se repite, con alguna variación. Nestorio separó la naturaleza divina de la humana en Jesús, negando la unión hipostática en la concepción en María. Por lo tanto además de negar a María como Theótokos o Madre de Dios, enseñaba que el Verbo entró en Jesús hombre no en la concepción sino cuando descendió sobre él el Espíritu Santo en el bautismo por Juan en el Jordán. De modo que para el heresiarca Jesucristo no fue siempre Dios sino que se hizo Dios. La unión de la humanidad y de la divinidad en Cristo no era sustancial sino circunstancial. Esto es lo que se ve en la blasfema película de Scorsese defendida por Faretta y en esta su nueva interpretación en "*Avatar*", reconociendo que el protagonista Jake Sully es un nuevo Cristo: "*Porque falta algo en este mundo aparentemente perfecto, este satélite Pandora. No es que esté fuera del pecado, sino que es un mundo digamos de la primera Alianza. Ésta es la segunda Alianza, porque el Cristo, el Mesías, sufre en su propia creación*". Además, esta dualidad o falta de unidad esencial se da también en la película, ya que el Na'Vi en que se transforma Jake Sully está compuesto tanto de adn humano como de adn Na'Vi. Es humano y es dios (en una combinación creada por un laboratorio humano), pero para ser dios debe hacerse dios a través de determinadas pruebas (la iniciación masónica). Es, por lo tanto, un dios que necesita del hombre para ser. Mejor dicho: es el hombre que se hace un dios.

Nestorio fue condenado por el Papa San Celestino y el Concilio Ecuménico de Éfeso en 431, también por el Papa Juan II en 534 y por el Concilio de Constantinopla en 553, como también por el Concilio de Florencia en 1441. Desde luego que lo que hace Cameron va más allá de la profundización de este error, porque para él el protagonista de su película no es una imagen de Cristo sino del Anticristo, como se evidencia en innumerables señales que ya hemos analizado en el film. Símbolos como el Ave Fénix que representa al falso mesías, (en la película se corresponde con el gran ave-dragón llamada Toruk Maktó) son usados por los masones illuminati e inclusive ha podido verse en emblemas usados en sus vestimentas por los actuales agentes que conspiran para lograr el Nuevo Orden Mundial. *"Todos los símbolos tienen su origen en algo tangible, y el Fénix es un símbolo de los órdenes secretos del mundo antiguo, y de aquellos quienes se iniciaban en esos órdenes, ya que era común referirse a alguien que era aceptado dentro de los templos como uno que nació dos veces, o que nació de nuevo. La sabiduría confiere una nueva vida, y aquellos que se convierten en sabios son nacidos de nuevo"* (Manly P. Hall, Masón grado 33, en The Secret Destiny of America, 1958, p. 176-77). Otro esoterista dice: *"El Fénix... es tenido como un ave divina que regresa a Egipto... Este Fénix se destruye a sí misma en las llamas, y luego emerge de las cenizas. La mayoría de los ocultistas creen que el Fénix es un símbolo de Lucifer, el cual fue echado en las llamas, y quien se levantará triunfante un día, según ellos creen. Por supuesto, esto también se refiere al resurgimiento de Hiram Abiff, el 'cristo' masónico"* (Dr. C. Burns, Masonic and Occult Symbols Illustrated, p. 123).

El uso del color azul, constante en toda la filmografía de Cameron, alcanza en *Avatar* su culminación. Correspondiente a los tres primeros grados de la masonería, la película entera es una iniciación simbólica para el personaje y los incautos que absorben todo sin discernimiento. Cuando el candidato a masón pasa la puerta la primera vez, es introducido en la logia cubierta de azul. También se presenta el muy conocido símbolo del "ojo que todo lo ve", que aparece en los afiches de la película: la primera vez que vemos al protagonista abre un solo ojo con su cara azulada por efecto de la luz dentro de la cápsula (o "sarcófago") donde está encerrado, en una instancia previa a su ingreso para ser iniciado gradualmente en la "sabiduría masónica". Sería muy obvio que Cameron mostrara esto al final de la película, cuando el Na'Vi azul abre sus dos ojos renacido, pero en el comienzo de la película puede hacerlo porque se justifica ese plano debido al encierro en que se encuentra el personaje. En esto Cameron es muy hábil.

Digamos también, en relación a la simbología de las piedras azules –que Cameron incluye tanto en *Titanic* con la joya llamada "El Corazón del mar" como acá con el *unobtainium*-, que también se corresponde con la iniciación masónica: "*Se usa también el símbolo de la piedra bruta, la piedra pulida y la piedra hendida. El orden exterior o masonería azul, debe preparar los materiales, la piedra bruta, es decir los profanos, para presentarlos bien labrados, como lo hacían los obreros del templo de Salomón, al orden inferior, para la construcción del nuevo templo. Los aprendices deben pulir de sus prejuicios al mundo profano. La piedra hendida es el Orden de los Templarios, que debe ser reparado por la Masonería*" (Card. J. Caro Rodríguez, "El misterio de la Masonería"). El mundo profano que debe ser preparado y labrado somos nosotros, para la aceptación del Nuevo Orden Mundial, el cual nos liberará de nuestras limitaciones y de nuestra "invalidez" (como al protagonista de *Avatar* o el de *Dark Angel*, que no pueden caminar y terminan lográndolo, o la protagonista de *Titanic* que termina "volando" sobre la cubierta del mismo). Todo gracias al conocimiento esotérico que Cameron ofrece en sus películas. Y si en esa preparación masónica el Cardenal Caro habla de la "construcción del templo", en la película es destruido el Templo (el gran árbol) de los Na'Vi, como en su tiempo fue destruido el gran Templo de Salomón. Estimamos que en la continuación de *Avatar* se procederá a la construcción del nuevo templo, una vez iniciados los espectadores en la creencia de esta nueva religión. Es la "*Internacional Azul*" que se extiende ante los incautos que se han puesto una venda en los ojos.

DE PSEUDOPROFETAS ANTICATÓLICOS: JAMES CAMERON

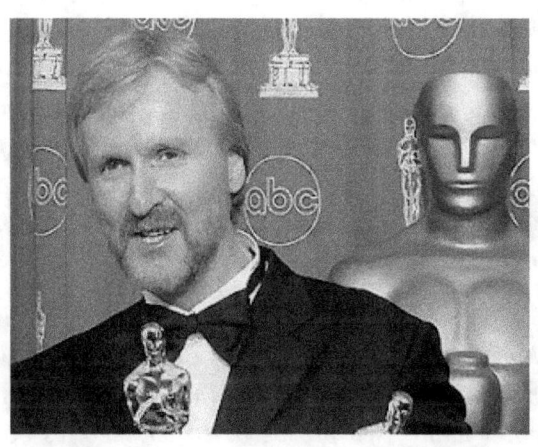

"Hay hoy día una abundante y muy en boga literatura apocalíptica falsa; que dicen algunos críticos "es la literatura de la Nueva Era"; que "se extiende y se va a extender cada día más"; que "ha suplantado a la copiosísima novela policial"; que "es un medio de mejorar a la gente"; "en donde hallarán Uds. las más puras delicias, "a pure delight" –dice A. E. van Vogt, "Destination:Universe", Post Script-Signet Books, N. York, 1933. Se refiere a la llamada "fantaciencia", de la que en efecto se publican centenares de novelas, algunas muy bien escritas, la mayoría apocalípticas, y la mayoría desa mayoría, hórridas y desesperantes.(...) No quiero extenderme acerca deste nuevo género de visiones "en el cual la imaginación no tiene vallas", dice van Vogt

(pur troppo!) que conducen al lector al terror o al desaliento; o bien (y son las menos) a ilusiones eufóricas acerca del futuro. La mayoría son disparatadas, y no es el menor mal influjo que irradian, el despatarro del sentido común; pues algunas son dementes casi; como las del autor susodicho. Ponen como base un absurdo:-por ejemplo, que el tiempo es reversible (como es el espacio) hacia atrás o hacia adelante (The Time Machine de Wells, que ha tenido innúmera descendencia) y como consecuencia deste absurdo filosófico se pueden extraer las más descacharradas consecuencias, por supuesto: como por ejemplo, que yo puedo ser padre de mi padre, o bien asesinar a mi abuelo antes de que engendre a mi padre. "Ex absurdo séquitur quódlibet".

Todos estos fantaciencios (sacando los pocos católicos a que aludí arriba, Verne, Benson, Lewis, Bauman, Artus...) son "naturalistas"; es decir, todo lo que según ellos sucederá en el futuro, sea próspero sea terrífico, es obra del hombre solo –o de los presuntos habitantes de otros planetas ¡o estrellas!, que nos los pintan de 40 o 50 diferentes monstruosas maneras.- Dios no tiene nada que hacer en el mundo; si no es manifestarse a través del hombre deificándolo; en los autores panteístas, como Clarke.

La actual fantaciencia –tanto la puerilmente promisoria como la atrozmente amenazante- es la expresión de la angustia y de la angurria del hombre actual ante la Técnica- su nuevo Ídolo; y es la mitología de la nueva religión "vitalista" de la Humanidad, que añoró y conjuró Bernard Shaw en "Back to Mathuselah", prólogo. O sea, es el Quinto Evangelio de la Ultima Herejía...

(...) Está claro que no condeno el "género" en sí. Este género literario es lícito (quedó dicho que hay en él algunas

pocas obras maestras católicas). Es la mala mentalidad religiosa y moral de los autores quien lo hace "hic et nunc" pernicioso".

(R. P. Leonardo Castellani – *El Apocalipsis de San Juan*, Editorial Jus, México, 1967, págs. 337 a 340).

NOTA PREVIA: Artículo escrito antes del estreno de *Avatar* en Argentina, publicado en nuestro blog *Videoteca Reduco*.

Ante el próximo estreno, súper-publicitado por el Mundo-Uno, del súper-film (U$S 300 millones) "**Avatar**", de James Cameron, director del film más exitoso de la historia "**Titanic**", vale hacer el esfuerzo de recordar a qué se debe la promoción de este cineasta, en qué terreno se mueve y qué se puede esperar de su nueva súper-producción.

Alguno recordará que, tras haberse llenado de Oscars, la noche misma de la ceremonia, imitando al protagonista de su "Titanic", Cameron abrió sus brazos en cruz exclamando satisfecho: "¡Soy el rey del mundo!", y que tiempo después este director produjo un pseudo-documental para *Discovery Channel* sobre "La tumba perdida de Jesús", ejemplar perfecto de anti-cristianismo idiota criticado por los más serios científicos del mundo, incluso de Israel.

Ahora bien, los antecedentes anticristianos de Cameron hay que rastrearlos más atrás, casi al comienzo de su carrera. La sustitución del Dios hecho hombre por el hombre hecho dios –y por lo tanto la adoración del hombre y la negación de la intervención divina-, son parte de la mirada gnóstica de Cameron, talentoso y hábil embaucador al que muchos incautos o sofisticados –algunos que se creen muy "vivos"- siguen adulando sin advertir el fraude. Veamos unos pocos detalles acerca de estos antecedentes:

TERMINATOR

Desde la base del absurdo del "tiempo reversible", esta película cuenta cómo el líder de la humanidad del futuro, John Connor, que dirige a los hombres en su guerra contra las máquinas, envía un hombre al pasado (el presente de la película) para que proteja a una mujer que va a ser su madre, ante la amenaza de un robot que también es enviado desde el futuro pero para matarla y evitar así que nazca el futuro salvador del mundo, él mismo. Este joven soldado que es enviado termina acostándose con la mujer y engendrando al líder (desde luego, sin previo matrimonio, ¿para qué complicar las cosas, verdad?). O sea, que el líder J.C. envió a su padre para que lo engendre, y además ese padre suyo muere en el combate, por lo que no pudo vivir en el futuro. Es decir que si murió, no pudo haberlo conocido y enviado. En fin, como puede ver el sensato lector, estamos ante un absurdo absoluto, ante un argumento descabellado, sin pies ni cabeza, que algunos admiten porque dicen que "es cine" y entonces a éste se le permite cualquier cosa. Sí, anular el sentido común, embrollar el sano pensamiento, o hacer del hombre un dios, ¿por qué no? Veamos más detalles de esta película:

- El futuro salvador o líder tiene las iniciales J.C., como Jesús Cristo (además del mismo director, por otra parte).

- El hombre joven enviado del más allá como un ángel protector de la mujer (ángel quiere decir "enviado") no sólo es un anunciador, sino que por su intermedio la mujer ha de engendrar al futuro líder. Sólo que este hombre se acuesta con la mujer, la destinada a ser madre del "salvador". O sea, tras la "Anunciación", la fornicación.

- La mujer es perseguida por un robot (demonio) que nadie puede vencer, el cual tiene como misión matarla. El hombre que la protege muere, pero la mujer finalmente vence a esta criatura maligna. Recuérdese el Génesis: *"Y podré enemistad entre ti y la mujer, y entre tu linaje y su linaje; éste te aplastará la cabeza y tú le aplastarás el calcañar"* (Gen. 3, 15). La imagen de la Inmaculada muestra a la Virgen aplastando con el pie la cabeza de la serpiente: humildad contra soberbia. En "Terminator", la mujer finalmente, para matar al robot, debe aplastarle la cabeza, luego de que éste la persiguiera arrastrándose como una serpiente y le atrapara con su mano un pie. Pero la mujer lo aplasta accionando una prensa hidráulica, una poderosa máquina hecha por la mano del hombre.

- La mujer decide huir –como la Virgen encinta debió huir a Egipto- al desierto. La mujer de la película no huye con un santo ni con un hombre, sino acompañada de un perro, a bordo de un jeep sobre el cual se lee la inscripción: "Renegade".

-La teología católica nos enseña que Dios se ha revelado como Uno y Trino. En la Santísima Trinidad, el Padre envía a su Hijo para salvar a los hombres del pecado y la muerte, combatiendo las obras del diablo. Luego de la Ascensión de Cristo, el Hijo envía al Espíritu Santo (que procede del Padre y del Hijo) para continuar esa obra santificadora. En "Terminator", el "salvador", o sea el hijo, envía a su padre, y el padre se acuesta con la madre del "salvador". En la segunda parte de la película, será enviado otro robot para seguir ayudando al hijo. ¿Enviado por quién, si el hijo está allí en ese presente? ¿Por el hijo mismo?

Como se podrá ver fácilmente, hay en esta película una parodia tanto de la Anunciación como de la Sagrada Familia y la Santísima Trinidad, a la vez que una pseudo-profecía sobre un futuro oscuro donde los hombres darán pelea sin ninguna intervención divina, sino a través de sus propias fuerzas y mediante el uso de las máquinas: Cameron siente fascinación por las tecnologías ultrasofisticadas que señalan el orgullo prometeico del hombre sin Dios.

También puede decirse que el mal, en Cameron –como en todo gnóstico- es una realidad positiva, no la ausencia de bien. De allí que los enemigos de los hombres sean robots, creados específicamente para combatirlos. En "Terminator II, Juicio Final", se verá a este robot-demonio re-programado y convertido en ángel protector del líder. Por supuesto, carece de libre albedrío.

ALIENS Y *EL ABISMO*

El alien (monstruo) es una nueva muestra de la realidad positiva del mal –pues el alien no es un "ángel caído". Mientras que en el cielo habitan los monstruos y no los ángeles ("Aliens"), en el abismo bajo el mar habitan las criaturas angélicas ("El abismo"): toda una inversión del sentido simbólico. El sueño de la protagonista de "Aliens", cuando un monstruo sale de su vientre, es descripto por Ángel Faretta (elogiosamente) como una "Anunciación", y de hecho la concepción de estos monstruos dentro de los seres humanos es de algún modo "inmaculada". La mujer de "Aliens" vence al monstruo, pero por sus solas fuerzas y con la ayuda de la tecnología obra del hombre. Nuevamente: Dios aquí no tiene nada que hacer.

TITANIC

Acá nuevamente funciona a las mil maravillas la sustitución de la simbología católica por una celebración e infatuación del hombre en desmedro de la figura de N.S. Jesucristo. El personaje principal, llamado Jack (es decir, Juancito. John, Juan, era el líder de "Terminator" y Jack se llama el protagonista hombre-monstruo de "Avatar". Es el nombre más común en inglés y aparece en numerosas expresiones: por ejemplo: *Jack of all trades, master of none*, que se refiere a la persona que sabe un poco de todo pero ninguna cosa bien) dice de sí mismo que es "el rey del mundo". Dice Faretta, defensor a ultranza de este director: *"El Rey del Mundo menta en la tradición esotérica a una figura enviada por la divinidad que actúa de Revelador y Salvador. A esta forma, avatar o modo del Rey del Mundo se la conoce en Occidente como el Preste Juan, un mistagogo encargado de salvar a la parte femenina de la humanidad, cíclicamente emblematizada como una Rosa"* (*"Para abordar el Titanic"*, www.djaen.com).

Precisamente la protagonista de "Titanic", que se llama Rose, es convertida en y tratada como prostituta "vestida de púrpura" por su madre y una clase social que la entrega a un malvado que es el demonio en la economía simbólica del film. Presa de la desesperación, Rose es encontrada en la popa del barco, sola, en la parte más distante y más alta con respecto al abismo del mar, por Jack el "Salvador" (de la clase baja, acá funciona de maravillas el maniqueísmo social). Es rescatada y "salvada de todas las maneras posibles" como dirá después ella, a la manera en que Cristo salvó a María Magdalena. Cuando el barco se parte en dos, él la rescata llevándola a la parte más alta del mismo. Recuérdese que el nombre Magdalena quiere decir "La que vive sola en el torreón". Ahora bien, Cameron hace que este nuevo "Salvador" y "Rey del Mundo" se acueste con la mujer que "rescata", con lo que vemos que, a través de esta indisputable construcción simbólica se sugiere o se coincide con aquella infamia tantas veces propalada por los gnósticos y masones (últimamente a través de "El Código da Vinci") de un supuesto "secreto" no revelado por la Iglesia el cual consistiría en que Jesucristo se habría casado con María Magdalena y tenido descendencia, etc. Se infama de esta forma a Jesucristo y se afrenta a la Iglesia y su enseñanza (cosa que Cameron realizó más explícitamente en el referido pseudo-documental televisivo). Cameron, además, degrada uno de los motivos más felices y propios de la narrativa occidental, cual es el del Rescate, así explicado por el Padre Castellani:

"Cristo se dio el lujo de salvar a una mujer, que es la hazaña por antonomasia del caballero; no sólo salvarle la vida, como San Jorge o Sir Galahad, sino restablecerla en su honor y restituirla perdonada y honrada a su casa –con un nuevo honor que solamente Él pudiera dar. En la caballería occidental, los dos hechos esenciales del caballero son combatir hasta la muerte por la justicia y salvar a una mujer-

"defender a las mujeres

y no reñir sin motivo",

que dice Calderón –como en las cintas de "convoys", reflejo pueril actual de una gran tradición perdida. Cristo hizo los dos; y siendo Él lo más alto que existe, su "dama" tuvo que ser lo más bajo que existe; porque sólo Dios puede levantar lo más bajo hasta la mayor altura; que es Él mismo.

Cristo ejerció la más alta caballería. *Los románticos del siglo pasado y los delicuescentes del nuestro tienen una devoción morbosa por la Magdalena; pero no precisamente por la Penitente, que el Tintoretto pintó con toda la gama de los gualdas en su hórrida cueva de solitaria, sino por la otra, por la mujer "perdida", por la "traviata" o la "dama de las camelias"; de la cual han hecho un tema literario bastante estúpido. Hasta nuestro Lugones se ensució con ese tema –que a veces llega a lo blasfemo- en una de sus "Filosofículas". Pero todos estos filibusteros o fili-embusteros, de la Magdalena no saben mucho, de la caballería menos, y del amor a Cristo absolutamente nada. "¡Cristo se enamoró de una mujer!"-dicen muy contentos- "¡Qué humano!"* Sí, Cristo se enamoró *"perdidamente" de la Humanidad perdida; y la vio como en cifra en una pobre mujer –sobre la cual vertió regiamente todas sus riquezas".* ("El Evangelio de Jesucristo", Breve Introducción a los Evangelios, V – Los Evangelios).

¿Hace falta decir que James Cameron es uno más –y de los más exitosos- "fili-embusteros" que menciona Castellani? Ahora bien, Cameron hace que su "Salvador" se acueste con la "mujer perdida" en el asiento trasero de un auto (algo muy yanqui, según parece) en la bodega del barco, a lo que el crítico antes citado –¡lamentablemente!- trata de justificarlo diciendo que de esa manera este "salvador" le pasa o entrega su alma a la muchacha. ¡Esto sí que es bueno! Lógicamente, cuando lo único que importa es la segunda historia que se cuenta, que se pliega a una teoría pseudo-tradicional, entonces deja de interesar la primera historia, en cuanto que sólo está en función de la segunda, la historia oculta o "esotérica". Creen los gnósticos que *"del Abismo de la divinidad aparecen eones o emanaciones, el pensamiento, Ennoia, la Inteligencia, el Nous, el Hombre primordial. La divinidad es así concebida como una Plenitud de virtualidades, un Pleroma de potencias o de eones"* (P. Meinvielle, Esencia del gnosticismo cristiano, "De la Cábala al Progresismo"), y esta transfiguración del hombre opera para ellos entre otras formas, *a través del sexo.*[56] Por lo cual se tira por la borda no sólo la teología cristiana sino la moral y, finalmente, el sentido común. Cuando Faretta habla de la autoconciencia, lo hace a manera de justificación o coartada para una individual y muy

---

[56] Por lo demás, esa fusión entre sensualidad y misticismo es netamente gnóstica. A través de los siglos la tradición gnóstica ha difundido el culto de la mujer divinizada.

propia forma espiritual o religiosa al margen de la religión tradicional católica y sus exigencias, hablando no ya en un sentido propiamente estético o formal, sino en un sentido místico-gnóstico:

"Por eso cuando en nuestra teoría hablamos de autoconciencia, empleamos el término en el sentido de aquello que el hombre, en su conciencia escindida por su separación de lo divino, puede alcanzar y vislumbrar, mediante lo estético o el entendimiento estético, del Espíritu Absoluto. Pero negamos radicalmente que el hombre pueda ser, o lograr ser, ese mismo espíritu. Sólo alcanza a rozarlo, a intuirlo, a través de la autoconciencia tal cual como la hemos definido.

De esta manera, la autoconciencia sería una forma o emanación de la Gracia, que se da traducida (o escindida) y revelada en términos estéticos". ("El concepto del cine", Ed. Djaen, 2005).

Es decir que la gracia no nos es dada por Dios a través de la oración y los sacramentos, sino que emana directamente de las obras estéticas, lo cual comprendemos gracias a la autoconciencia. Si al ver una película nos ilumina la autoconciencia, pues entonces estaremos en estado de gracia.

No habla por otra parte del Espíritu Santo, sino del "Espíritu Absoluto", ¿qué Espíritu es ése? ¿El espíritu de los idealistas?; ni tampoco se dice que Dios Uno y Trino nos hace partícipes de su Espíritu y nos da su gracia en orden a un fin, en orden a la consecución de la vida eterna mediante nuestra santificación en unión con Él, como explica bien un gran teólogo: *"La gracia actual consiste en un auxilio sobrenatural y transitorio que ilumina la inteligencia y fortalece la voluntad para realizar actos sobrenaturales"* (P. Garrigou-Lagrange, "La providencia y la confianza en Dios"). Desde luego, Faretta –desdeñoso del tomismo- no lee la realidad y el cine sino a la "luz" de su teoría muy heterodoxa, bajo los influjos del modernismo teilhardiano.

Todos podemos caer y tomar los desvíos que conducen al motel Bates (o, como Kurtz, al corazón de las tinieblas), y si tal sucede todos los delirios son posibles y todas las asociaciones pueden esperarse. Hacemos hincapié en ello por los peligros que acarrea una visión del mundo errónea, sostenida por obras monumentales como las de Cameron. Algunos periodistas llaman a éste "un visionario". Ahora, este pseudo-profeta vuelve a impartirnos lecciones de moral y una visión del futuro en la que, según él, ofrece un "mensaje ecológico", sin el regreso de un Cristo en el que no cree y con la supuesta salvación en manos del hombre, únicamente del hombre –o del monstruo- pero renegado del verdadero Dios. Tengamos presente quién es nuestro enemigo.

EL TITANIC VUELVE A HUNDIRSE

"La gran tentación de los católicos en el mundo moderno es la tentación del orgullo intelectual".

G. K. Chesterton, *Las fiestas y el asceta*.

Dice, no sin munición de petulancia, el crítico y teórico del cine Ángel Faretta, que "*Titanic*" de James Cameron es "una máquina de significación tradicional". Veremos a qué "tradición" se hace la referencia, y en el sentido en que la interpreta aquel.

Vamos a intentar dilucidar la "segunda historia" que cuenta el film, pero sin dejar de lado la "primera historia", como parece haberse hecho en las críticas favorables, porque hay cosas de todo punto inadmisibles, por lo menos desde el punto de vista católico.

Afirma el personaje de Di Caprio, subido a la proa del barco y con los brazos abiertos, que es "*el Rey del Mundo*" (ahora el actor debe sentirse así, ya que le han permitido ser miembro del criminal Foto Económico Mundial de Davos y se codea con los poderosos del mundo). La afirmación se admite en el sentido figurado y primero que le da el personaje, esto es, que el jovencito se siente tal –nada menos- por haber abordado ese barco. Ahora bien, se le quiere dar una interpretación "esotérica". ¿Es Jack "el Rey del mundo", esto es, "Revelador y Salvador" según la "tradición esotérica" guenoniana, mentada por Faretta? Precisamente esta interpretación es la que, si confirmamos, se desvía absolutamente de la tradición católica, y hace que desde el comienzo nos apartemos de tal "visión del mundo". La obra toda de James Cameron respalda esta visión.

Sabemos bien los cristianos que el único "Rey del mundo" y "Salvador" es, fue y será Jesucristo, que es por sí mismo quien perfecciona la Tradición, que nos ha sido transmitida a partir de la Iglesia a través de la Cristiandad. Ahora bien, pretender que Jack (Di Caprio) cumple ese rol simbólico en el film, y que para salvar la parte femenina de la humanidad, como afirma Faretta, representada por Rose (Kate Winslet), ¡¡deba acostarse con ella!!, es impío, y equivale además a darles la razón a los enemigos de la Iglesia que afirman blasfemamente que María Magdalena –cumpliendo ese rol- tuvo una relación íntima de esas características con Nuestro Señor. De esta forma se niega la existencia del pecado y además, como veremos, se cae en el gnosticismo.

Pero debemos ampliar esto, porque Cameron no hace las cosas porque sí. Como señalamos antes en otro artículo, la fusión de la sensualidad y el misticismo es propio de la tradición gnóstica, cuyo origen en este tema se remonta al Islam. Etienne Couvert, en su magnífica obra "La gnose universelle", explica con un notable aporte documental esta cuestión: "Practicar el amor, es divinizarse. No se trata de un amor puramente espiritual, sino más bien carnal. Los textos de los poetas sufís y de los trovadores son formales. Las descripciones sensuales y eróticas abundan. El abrazo amoroso provoca en todo el cuerpo una exaltación de la sensibilidad general que da la impresión al amante de levantarse fuera de su condición simplemente humana y de participar en un acto divino. Es la razón también porque él busca encontrar la muerte en el acto mismo del amor para eternizar esta intuición divinizante"[57]. Es la escena del acto sexual en la cual el joven y atlético Di Caprio parece tener dificultades res-

---

[57] Etienne Couvert, *La gnose universelle*, cap. II La gnose et l'Islam. Éditions de Chiré, 1993.

piratorias. Pues bien, se trata de simbolismo gnóstico. Por supuesto, frente a esto hay que decir con Couvert lo siguiente: "El hecho es que, contrariamente a lo que afirman los "Fieles del amor", la unión carnal tiene una finalidad natural que es la procreación, es decir una participación en la acción creadora de Dios. En un cierto sentido ese acto es divino, en todo caso es sagrado. La Iglesia lo ha santificado por el sacramento del matrimonio, pero no lo diviniza.Ahora bien, los "Fieles de Amor", como los poetas sufís, quieren quitar al amor su finalidad. Ellos lo llaman puro y casto, es decir estéril. Hablan de un amor "de lejos", nosotros diríamos hoy un abrazo reservado. Era la forma de contracepción de la época. Únanse en el acto carnal, pero no den la vida, busquen más bien la muerte. Además este amor es siempre adúltero y practicado fuera del matrimonio. Es su exacta inversión. Uno no puede oponerse más eficazmente al plan del Creador que rehusando transmitir la vida que uno ha recibido de sus padres. Solo Lucifer, "homicida y mentiroso", puede interesarse en una tal parodia del verdadero amor tal como Dios lo ha querido".[58]

Cameron es coherente. Agrega Faretta las fuentes del director gnóstico (aunque Faretta no lo dice así): "Este ritual de iniciación entre el Rey del mundo-Salvador y la Rosa femenina tiene tradicionalmente dos modelos mítico-simbólicos fundamentales en Occidente: la busca del Santo Graal, y el ciclo literario compuesto por El roman de la rose de Guillaume de Lorris y Jean de Meung y la obra del Dante"[59]

Pues bien, el célebre "Roman de la Rose" se insipiró en un poema persa llamado "La Rose de Bakawali" que contiene la doctrina de los sufís, es decir de los esoteristas musulmanes. Se trata de panteísmo. Igualmente el mencionado Dante Alighieri

---

[58] E. Couvert, ob. cit.
[59] A. Faretta, "Para abordar el Titanic".

fue un gnóstico (conviene internarse en las eruditas investigaciones llevadas a cabo por diversos autores, que Couvert resume muy bien en sus obras).

Siguiendo con las argumentaciones farettianas (en su escrito titulado "Para abordar el Titanic", en dos partes), las asociaciones que puedan hacerse entre este barco, el Titanic, y la Iglesia católica o entre Rose y la Virgen María (¡nada menos!) son absurdas. Si esta nave es la Iglesia, ¿cómo se muestra por allí un oficio religioso de los protestantes? ¿O es un anticipo del Novus Ordo? ¿Y acaso la Iglesia se hunde del todo a la manera del Titanic? ¿Cuál es entonces la tradición católica? ¿Y cuál es esa manera de estar en la Iglesia de nuestros personajes? ¿Acaso la nave no es llevada adelante por su destino mesiánico, fomentado por Leviatán? En su libro "*El concepto del cine*", Faretta menciona la nave de "*Apocalipse Now*" como la Iglesia, tomándose de, entre otras cosas, esta frase de uno de los personajes: "*Nunca abandones el maldito barco (como le indicará luego Jack a Rose en Titanic)*". El "maldito barco" sería la Iglesia (¡!) donde todos han enloquecido. ¿Basta poner un barco, entonces, para suponer a la Iglesia? Dice bien luego Faretta que "*es en la nave donde se alcanzará la salvación, pero no abandonándola*" (acotemos que Faretta la abandonó desde el momento en que adhiere a y enseña las herejías de Teilhard de Chardin). Bien, pero ¿qué tiene que ver esto con el Titanic? ¿Algún católico puede pensar que debe recibir esas señales secretas –esotéricas, sólo advertidas por Faretta y su círculo íntimo de iniciados- para entender cómo debe vivir católicamente? Lo del capitán del Titanic diciendo "llamen a un carpintero" parece más bien un chiste o una burla y no una muestra de la supuesta fe de Cameron. [60]

---

[60] Con el tiempo, Cameron fue mostrando más claramente de qué paño está hecho. Primero con la serie "*Dark Angel*" (izquierdismo bobo

Sigamos. ¿Es "Titanic" una "máquina de significación tradicional"? ¿Cuál sería esa tradición? Hay en lucha dos tradiciones que son antagonistas. Una transmite la religión del verdadero Dios, la Tradición apostólica donde la tradición primordial está totalmente incluida, en custodia de la Iglesia Católica. La otra, que los gnósticos llaman "Tradición primordial o gnóstica-cabalística" o últimamente "Tradición unánime", transmite la oscuridad que quiere ocupar el lugar de Dios. Como dice el Padre Meinvielle en su excelente libro *"De la Cábala al progresismo"*: *"La Tradición auténtica, la judeo-católica, no mira propiamente al Pasado, sino que mira a Cristo. Por ello, todas las verdades, todos los símbolos y figuras con que estas verdades son propuestas se refieren definitivamente como a su Ejemplar Divino, a Cristo, al Logos hecho Hombre"*. Es una Tradición

---

mezclado con la tolerancia o apología de la homosexualidad y una especie de mesianismo confuso, no exento de "guevarismo", pseudocatolicismo impotente, políticamente correcto). Luego, más recientemente, a través de un embustero documental que produjo para la TV, dirigido por el judío Simcha Jacobovici, acerca de un "sepulcro olvidado de Jesús", documental que todos los expertos denunciaron como un fraude que explota la misma idea de *"El Código Da Vinci"* de Dan Brown. En definitiva, otro ataque más contra la Iglesia. Ese pseudodocumental viene a confirmar, entonces, que propone en "Titanic" una forma de gnosticismo, que aplaude en su crítica Faretta.
Enlace a un texto sobre "La tumba perdida de Jesús":www.argentinidad.org.ar/la_tumba_perdida_de_lara
Otros enlaces sobre el Fraude Documental de James Cameron:
http://bibliaytradicion.wordpress.com/inquisicion/la-tumba-olvidada-de-jesus-01/
http://bibliaytradicion.wordpress.com/inquisicion/kloner-interesante-relato-pero-sin-fundamento/
http://bibliaytradicion.wordpress.com/inquisicion/identidad-arqueologica-robada-la-tumba-olvidada-de-jesus-falla-en-alcanzar-una-buena-nota/

cristocéntrica y no cosmocéntrica o antropocéntrica.

¿Qué diremos de las "bodas alquímicas" o de la "operación alquímica" o transmutación, también aludida, posiblemente operada en relación al diamante simbólico y su realización como obra de arte (el dibujo que hace Jack), concepto de origen gnóstico? Veamos lo que explica un gran conocedor del tema: *"La alquimia operativa y la especulativa tienen en común una misma mentalidad: la de la transmutación. La mentalidad alquímica tiende a sublimar la naturaleza (física o humana) utilizando las formas de sublimación incluidas en la propia naturaleza. Por ello, la literatura esotérica moderna, que adopta notablemente este estado de espíritu alquímico, se llena de alusiones a la transfiguración y a la asunción. Todo el hombre y todo el mundo deben ser "transfigurados" y "asumidos". Se nos presenta la operación como inminente y como ya iniciada. Pero observemos que la mutación alquímica del universo no llama a la intervención divina. Es una autosublimación que queda en el orden de la naturaleza y que el alquimista debe sólo ayudar a acelerar por medios mágicos"*[61]. Uno de esos medios utilizados para ese "conocimiento de lo oculto" es el sexo. Esto nos lleva de nuevo a la escena tan comentada, aquella en que los jóvenes protagonistas de la película fornican en el asiento trasero de un automóvil depositado en la bodega del barco. Escena que Faretta comentara con el entusiasmo de quien realizara la hermenéutica de un pasaje de los Evangelios. ¿Puede decirse que Jack se cansa porque por tal acto le acaba de entregar su alma o la vida o algo parecido a Rose, como asegura Faretta? Él mismo afirma que se puede utilizar lo bajo para simbolizar lo alto, y es cierto. Pero no siempre. Usar de un acto pecaminoso de los personajes –que

---

[61] Jean Vaquié – Ocultismo y fe católica, Los principales temas gnósticos.

tal es, ¿o el sexto mandamiento no es para todos?- para simbolizar lo alto, trascendente y espiritual, es un absurdo.[62] Es más, con tal escena lo único que Cameron ha hecho es mostrar su liberalismo y rendir tributo a la sociedad actual permisiva, además de arruinar una situación simbólica perfecta: cuando Jack dibuja a Rose desnuda sobre el sofá, en ese preciso acto la estaba poseyendo y, mediante el dibujo, le estaba dando la trascendencia que no iba a darle después. Lo otro es la unión carnal de dos adolescentes urgidos que no creen en Dios, y punto. Las jovencitas que deliran por Di Caprio, agradecidas. Como dice el Padre Loring: *"Tanto ama un hombre cuanto es capaz de vencerse en bien de la mujer que ama. El hombre que quiere a una mujer, se sacrifica a sí mismo para respetarla, dignificarla y ennoblecerla. Cuando un hombre ama a una mujer la respeta. Le apetecen muchas cosas. Como a cualquiera. Pero aunque le apetezcan, se domina. Comprende que no puede hacer todo lo que le apetece. Les falta el sacramento del matrimonio que les dará derecho a expresarse mutuamente el amor sin limitaciones. Comprende que el cuerpo de una chica soltera es intocable. Cuando se case tendrá derecho a todo. Pero mientras no se case, una chica tiene que defender su cuerpo. Y él, que lo sabe,*

---

[62] *"Aunque todos los actos honestos realizados con recta intención sean meritorios delante de Dios, las relaciones sexuales, en el presente orden histórico de la naturaleza caída, están de tal manera unidas a la concupiscencia desarreglada que moralmente no pueden constituir objeto que despierte o eleve la piedad."* (Mons. de Castro Mayer, "Problemas del apostolado moderno", Librería Católica Acción, 1959).
"Uno de los grandes inconvenientes de esa literatura (místico-sensual) es que se presta fácilmente a expresiones que conducen a un misticismo panteísta. Pretender alimentar la piedad con consideraciones místico-sensuales es contra la tradición de la Iglesia, que siempre procuró inculcar a los fieles, de cualquier estado de vida, el espíritu de pureza con el cual el hombre se prepara para la Mansión Celestial, donde "neque nubent, neque nubentur"" (Pío XI, instrucción del 3 de mayo de 1927).

se sacrifica. ¡Le apetece muchísimo!, pero se sacrifica. Para no mancharla. Para no marchitarla. Se sacrifica él. Y no la degrada a ella. ¡Eso es amor!" [63] El "héroe" de Cameron, en cambio, lleva a la mujer al asiento trasero de un auto, rebajándola como si se tratara de una prostituta.(De Palma, en su película "*Vestida para matar*", tiene una escena similar, insoportable pero que por lo menos no nos hace pasar como "romántica", sino que la muestra como lo que es). Tal el sentido "tradicional" de James Cameron, muy de estos tiempos enfermizos y decadentes. Por eso encaja bien en el trayecto señalado por el Padre Meinvielle en el título de su mencionado libro. Porque si la tendencia gnóstica ensalza el espíritu y considera la materia una prisión ilusoria, las consecuencias que se traen son este uso instrumental de los seres humanos, que en definitiva cumple con la tendencia judaica que ensalza la materia en detrimento del espíritu.

No discutimos la certeza respecto de algunos de los usos instrumentales simbólicos de Cameron, que es muy hábil en la materia, sólo sostenemos que con todo eso no se llega a ninguna verdadera trascendencia, sino al error. Desbrozamos las contradicciones y la influencia modernista que hay en todo el film. Por ejemplo: Jack salva a Rose, "de todas las maneras posibles", como ella dice. La salvará, ¿para qué? Para ser actriz, aviadora y montar a caballo. Esa es la vida para ella (o para Cameron):

---

[63] Otra aclaración importante: "*No es posible distinguir en Dios su esencia de su santidad, por consiguiente, es falsa cualquier concepción que pretenda afirmar formal o implícitamente una unión con la esencia divina sin que haya al mismo tiempo unión con la santidad de Dios. Por tanto, es falsa también la separación que se quiere hacer entre la unión ontológica y la unión moral, mediante la obediencia a los mandamientos, porque ambas resultan de la gracia santificante, de las virtudes infusas y de las gracias actuales. La gracia y sus operaciones escapan por sí del campo de la experiencia*" (Mons. de Castro Mayer, ob. cit.)

disfrutar lo más que se pueda, pensar sólo en sí mismo. Eso es ser "libre". ¿De la vida espiritual? Bien, gracias. Liberalismo para jóvenes eternos, sentirse libres sin ataduras, sin deberes ni responsabilidades ni culpas. El paraíso prometido estaba en Yanquilandia, y no lo sabíamos.

Al pensar en el Titanic, podemos recordar a Jünger y su esclarecedor pensamiento. Veamos lo que dice en "*Sobre la línea*", texto que examina el nihilismo (y que conocimos, nobleza obliga, gracias a Faretta, el cual parece haberlo olvidado): "*Si se consiguiera derribar al Leviatán, tendría que ser rellenado el espacio así liberado. Pero el vacío interior, el estado sin fe, es incapaz de semejante postura. Por ese motivo, allí donde vemos caer una copia del Leviatán, crecen nuevas imágenes semejantes a cabezas de la Hidra. El vacío las exige*". Piénsese que hoy día se han hecho buques cruceros más inmensos y fastuosos que el propio Titanic; o que el espacio dejado vacante por las Torres Gemelas de Nueva York será ocupado por torres aún más gigantescas.

"*El segundo poder fundamental* –dice más adelante Jünger- *(donde Leviatán no tiene acceso) es Eros; allí donde dos personas se aman, se sustraen al ámbito del Leviatán, crean un espacio no controlado por él. Eros triunfará siempre como verdadero mensajero de los dioses sobre todas las invenciones titánicas. Nunca fallará cuando se pongan a su lado. En ese contexto sean mencionadas las novelas de Henry Miller, en ellas se aduce el sexo contra la técnica. Libera de la férrea coacción del tiempo; se aniquila el mundo de las máquinas dedicándose a él. La conclusión errónea consiste en que esa aniquilación es puntual y siempre tiene que ser aumentada. El sexo no contradice sino que corresponde en lo orgánico a los procesos técnicos. En ese nivel está tan próximo a lo titánico como al insensato derramamiento de sangre, pues los impulsos sólo son contradictorios allí donde desborden ya sea hacia el amor, ya sea hacia el sacrificio. Esto nos hace libres".*

No haber hecho ese sacrificio –el del sexo– habiendo caído en el automatismo del impulso, bajo la excusa del amor que no es verdadero (pues da la espalda a Dios violando sus mandamientos) y nada menos que en el asiento trasero de un auto, una máquina moderna símbolo de esa mecanización, muestra a las claras que Leviatán ha vencido sobre Eros. Justo luego de que ellos tienen esta relación, el iceberg choca contra el barco. ¿Estamos autorizados a pensar en un castigo divino? ¿Serían acaso Jack y Rose como Adán y Eva, y Cal el tentador? De ninguna manera; elucubrar todo ese tipo de asociaciones sería traer todo de los pelos para que coincida con algo preconcebido, no con lo que Cameron quiere contarnos.

Por otra parte, se cae también en el clisé que siempre nos impone el cine de que amar equivale a mostrar largos y apasionados besos y luego acostarse –donde sea. Parece ser la única forma posible del amor. Conocerse e irse a la cama es la ecuación que el cine nos vende. De ahí "hacer el amor". Luego, sí, mostrará el sacrificio de Jack, pero antes obtuvo su premio, por lo tanto no es lo mismo su valor, como cualquiera puede inferir. Pero todo esto, nuevamente, hay que remitirlo al gnpsticismo depurado de Cameron.

No obstante todo esto, la película no deja de ser asombrosa, especialmente a partir del choque del iceberg, es decir, su segunda mitad, cuando Cameron hace lo que más sabe, lo que nos remite por ejemplo a *"Aliens"*. La primera parte, en cambio, nos deja en claro que Cameron no es ni Griffith ni Cóppola, los cuales no tenían empacho en contratar un buen guionista o dramaturgo para no caer en el fatal trazo grueso en que incurre un guionista mediocre como Cameron. Los arquetipos son evidentes: el malo es malísimo y desagradable –Billy Zane- casi una caricatura; el bueno –Di Caprio- es el "artista libre" que hace lo que le da la gana "como hoja al viento" (sic). La escena en que lo invitan a cenar con la clase alta es muy obvia con respecto a lo que Cameron quiere que pensemos. Pero, además, Cameron pareciera que para no caer en un vacuo romanticismo, derrapa y cae en la vulgaridad supuestamente cómica, cuando los jóvenes protagonistas la emprenden a escupitajos, para mostrarse "diferentes" de los encorsetados miembros de la clase alta. Una tontera.

Dejamos el tema "esotérico-gnóstico" referido, pues no hay espacio aquí para desarrollar un tema más complejo, al que habrá que dedicarle, Dios mediante, otro espacio.

Veamos ahora algunas de las cosas de que no trata este *"Titanic"* (evidentemente dejadas a un lado o ni siquiera sugeridas) y que ocurrieron con el verdadero naufragio. El film debe hacer uso de estas cosas de acuerdo a su conveniencia, claro está, pero, cae de maduro que si se hace una historia basada en un barco verdadero, cuyos significados son conocidos, deben tenerse en cuenta, porque ese barco llevaba esa marca "de fábrica", es decir, su maldición, encima. Veamos algunas de las "casualidades" y "coincidencias" del mismo. Tomamos el texto de *"Donde no hay casualidad (la historia del "Titanic")"* por P. Carlos Biestro, Revista Gladius N° 7:

-"En 1910 comenzó el trabajo en los astilleros, y no se realizó por cierto en un clima de paz. Como dijimos, Belfast es la plaza fuerte del protestantismo irlandés, violentamente "antipapista". La minoría católica vivía (y las cosas no han cambiado) sometida a un régimen de humillación y rigor. Para exasperar a los trabajadores católicos, los reformados comenzaron a pintar en el casco del buque inscripciones que hacían burla de la Iglesia y el Papa. Con gran regocijo, ateos y anarquistas entraron en el juego y extendieron a Dios y a Cristo el alcance de las blasfemias. Poco tiempo después los flancos del gigante insumergible lucían, de uno a otro extremo, leyendas como "Ni el mismo Cristo lo hunde", "Ni la tierra ni el mar pueden engullirlo", "Ni Dios ni patrón", y en caracteres gigantescos, sobre la línea de flotación, "Ni Dios ni Papa". Como se ve, variaciones sobre un mismo tema.

-"Cuando en el momento de decidir el plan de construcción, los ingenieros eligieron no emplear el sistema de doble espesor para el casco, aunque la seguridad exigía la prolongación del doble fondo a los laterales: tanto confiaban en la estanqueidad de los compartimientos que consideraron el doble espesor un gasto innecesario.

-"En las horas previas a la colisión varios buques alertaron al Titanic sobre la presencia de hielos en la zona. Pero el radiotelegrafista Jack Phillip se limitó a amontonar esos mensajes en el ángulo de su mesa de trabajo sin hacerlos llegar al capitán. Es que en aquellos días la comunicación inalámbrica era una novedad y el pasaje de primera hacía llegar a la cabina de transmisión oleadas arrolladoras de salutaciones a parientes y amigos en América y Europa, y Phillip, al límite de sus fuerzas, pensaba únicamente en terminar su trabajo. La última advertencia provino del Californian, a muy pocas millas del nuevo transatlántico, pero fue una advertencia inútil pues el operador del buque alertado respondió bruscamente: "¡No interrumpa!" y continuó mandando besos, abrazos y cordiales apretones de mano "a la Marconi". Cuando por fin advirtió la necesidad de dejar a un lado los mensajes triviales y pasar a sustanciales pedidos de auxilio (creemos que tuvo el fatal privilegio de emitir por vez primera la señal "S. O. S.") el Californian no captó el mensaje: su radiotelegrafista, picado por la descortés respuesta del Titanic, se había recostado sobre una litera a leer y el aparato quedó entonces en manos de un aficionado inexperto, quien no atinó a dar cuerda al mecanismo de relojería indispensable para el funcionamiento de la radio.

-"Otro error decisivo fue el del navegante del buque. Equivocadamente había calculado la velocidad en veintiún nudos y así durante mucho tiempo el radiotelegrafista estuvo proporcionando una posición falsa. Producido el impacto varios buques se dirigieron a toda máquina al sitio indicado y, por supuesto, no dieron con la nave en peligro. Poco después de la medianoche, el Titanic y el Californian llegaron a avistar cada uno las luces del otro. Si este último hubiese acudido, todos se habrían salvado, pero como la distancia entre ambos era, según la información errónea, demasiado grande como para que pudieran verse, en cada buque se pensó que el otro era un "navío misterioso" y el Californian siguió su curso. Más tarde, cuando el Titanic lanzó bengalas, el otro buque no reconoció la señal como un pedido de auxilio.

-"Sí, las adversidades constituían un verdadero batallón y nadie tenía muy en claro cómo salir del atolladero. La orquesta, dirigida por el maestro William Hartley, hacía cuanto podía para mantener en alto los espíritus, y con irrealidad delirante dejaba oír alegres y bulliciosos rags. Si bien les sobraba empeño, los músicos no conseguían su propósito porque el pasaje en absoluto hacía caso de ellos; al contrario, se multiplicaban las escenas de locura y horror.

-"Cuando se hizo evidente que el fin se acercaba, la orquesta abandonó el repertorio bullicioso y pasó a ejecutar los acordes del himno "Más cerca, oh Dios, de Ti". A las 2:20 de la madrugada se produjo un estruendo formidable; por un momento la popa se alzó a una altura fantástica, e inmediatamente después el gigante insumergible se clavó de proa en el abismo arrastrando consigo 1.522 víctimas.

-"Misericordiosamente la Providencia castigó al buque blasfemo para plantarnos delante de los ojos que la ciega confianza en las propias fuerzas vuelve al hombre ciego, y el ciego por fuerza va a parar al pozo."

Bien. Si no se tienen en cuenta todas estas cosas difícilmente se comprenderá el desastre del Titanic, y Cameron no las ha tenido en cuenta, como es evidente. El carácter blasfemo de la empresa ha sido ocultado. Más bien se ha hecho hincapié en el enojoso e inútil de Cal y los otros villanos de a bordo, que por cierto los había. En definitiva, el sentido tradicional que nos dice que el hombre no puede desafiar a Dios sin ser castigado, Cameron lo quiere travestir en una supuesta tradición esotérica o sincretista donde cada escena o acto de los personajes tendría un sentido que sólo unos pocos escogidos comprenden, aquellos que por lo visto sabrían insertarse en esa "tradición" gnóstica secreta que, finalmente, termina asimilando todo en un pastiche modernista, como este film bien lo muestra: moderno es Cameron y por eso obtiene del mundo su racimo de premios Oscar. Tradicional es "*La Pasión de Cristo*" de Mel Gibson y por eso no obtuvo nada de la "Academy", excepto una victoriosa conspiración de silencio. Deo Gratias.

TEILHARD, CAMERON Y FARETTA

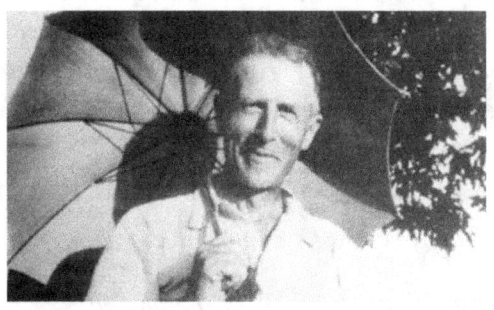

"Enferma leerlo" (Castellani sobre Teilhard de Chardin)

"Los Padres de la Iglesia, que con su celo y saber mantuvieron intacta la verdad de la fe, hicieron de la humildad el fundamento de su actividad. Sabiendo que estaban sujetos a error, repetían con San Agustín: "Puedo errar, pero nunca seré hereje". La prudencia y la humildad no son menos necesarias en los estudios profanos que en los religiosos. Algunos pierden el contacto con la realidad en sus elucubraciones y desperdician su talento dedicándose a estudios que están por encima de sus fuerzas. Cicerón tiene razón cuando dice que no hay doctrina, por absurda que sea, que no haya sido defendida por algún filósofo. Por ello, el Apóstol afirma que "la ciencia hincha", no porque sea mala en sí misma, sino porque el corazón humano es muy propenso al orgullo. Generalmente los más ignorantes son los que caen más fácilmente en el defecto de exagerar sus conocimientos y cualidades".

Vida de los Santos de Butler – San Eusebio.

"Es muy lamentable ver hasta dónde llegan los delirios de la razón humana cuando está hambrienta de novedades y cuando, en contra de la advertencia del apóstol, quiere saber más de lo que conviene saber, cuando, con un exceso de confianza en sí misma, pretende buscar la verdad fuera de la Iglesia católica, donde se encuentra sin la más leve sombra de error".

Gregorio XVI, cit. por San Pío X.

"No, ninguno que espera en Ti es confundido. Confundido queda el que locamente se aparta de Ti".
Salmo 24, 3:

Fue René Guénon quien tal vez –a raíz de su indudable talento- llevó más lejos la influencia de una corriente sincrética que se ha llamado "verdadero conocimiento metafísico", es decir gnóstico, disfrazando de "tradicional" un pensamiento que iba a acabar, en nuestros días, en el más deplorable modernismo o progresismo religioso.[64]

---

[64] Para conocer al personaje y su pensamiento: *L'imposture guénonienne,* de Jean Vaquié; *René Guénon jugé par la Tradition* (Éditions du Sel), *La métaphysique de René Guénon* (Le Sel de la terre n° 57 été 2006) y *Peut-on baptiser l'œuvre de René Guénon ?* (Le Sel de la terre n° 61 été 2007) de Antoine de Motreff; *Esoterisme et Christianisme autour René Guénon*, por Marie-France James (Nuevas Ediciones Latinas, París, 1981); *Un gran iniciado: René Guénon*, por Don Curzio Nitoglia (Artículo en Internet); *Un musulman inconnu: René Guénon*, (Cahier de la Societé Augustin Barruel N° 25, Lyon). Dedicamos amplio espacio a Guénon en nuestro libro "Castellani y Lefebvre", Ediciones Reacción, 2022.

Otro de los pseudo-profetas de amplio predicamento, aunque en este caso de nulo talento literario, más bien alucinado y perturbador, ha sido el jesuita Pierre Teilhard de Chardin (apóstata, pseudo-profeta, masón), otro a quien puede imputársele aquella enseñanza de Santo Tomás que dice: "*La infidelidad tiene origen en el orgullo*". Nos referiremos a él teniendo en cuenta el desconocimiento que entre algunos de quienes escriben o les interesa el cine hay acerca de sus escritos, sus ideas, su influencia. Otros lo citan a menudo pues lo han tomado como maestro ineludible. Dijimos en nuestra crítica sobre "Vampiros" (en nuestro blog Videoteca Reduco) que la referencia de Ángel Faretta[65] -muy positiva- sobre Teilhard de Chardin es reiterada

---

[65] Ángel Faretta es un crítico de cine, teórico, poeta y novelista muy dotado, y con vastos conocimientos en diversos temas, aunque superficiales, que a pesar de su originalidad en materia estética (llegando a formular su propia teoría del cine), se ha conformado con compatibilizar su proclamado catolicismo (confusamente modernista y a piacere) con el trabajo en publicaciones o ámbitos blasfemas o semipornográficas o judeo-progresistas. Evidentemente esta clase de incoherencias obedecen a una confusión en los principios que lo ha llevado, entre otras cosas, a defender a un insufrible hereje y apóstata como Teilhard de Chardin o a gnósticos como James Cameron, entre heterodoxias varias en materia religiosa. La fascinación que puede ejercer en los jóvenes –debido a su diferente registro respecto de la masa de críticos cinematográficos de la prensa masiva-, a quienes les ha descubierto una nueva manera de interpretación simbólica del arte y toda una serie de autores sin duda muy interesantes, no debe impedir el que se realice la advertencia pertinente respecto de sus gruesos errores en materia filosófico-religiosa. Su teoría del cine, por cierto, que se propone como toda una teoría del saber (*Cinesophia* se titula la serie de libros publicados en Djaen, y nuestra advertencia de entonces de que eso podía llegar a ser un "Cinesofisma" no cayó nada bien, claro está), resulta bastante pretenciosa, y el hecho de habernos negado a ser simples repetidores de ella, nos ha costado la "excomunión" de su exclusivo "cenáculo". Faretta se ha ganado ciertamente un nombre en el ambiente y tiene un gran mérito en el rescate de ciertos autores, pero su influencia no deja de suscitar aduladores que nada le objetan o cuestionan (que hasta alguno le ha llamado "Deidad", como si se tratase de una secta)

(llegando incluso a colocar su foto con el paragüitas en el frontis de una sección de su sitio web, que hoy ya no existe). De hecho donde más ostensible se hace es al encabezar su libro (donde hay algunas cosas valiosas, sin dudas) "Espíritu de simetría" (Editorial Djaen, 2007). Libro en el cual nos menciona con gentileza en su prólogo –al menos en su primera edición-, en un tiempo donde aún podíamos sostener una mutua gratitud y cierta relación amical, pues no habíamos llegado a la ruptura con quien se nos fue revelando con los años claramente como guía o referente de un camino desviado, fuera de quicio, sostenido en una muy abundante y erudita munición de esteticismo refinado pero que no dejaba de brindar a sus alumnos unas "bagatelas filosóficoteológicas" -como afirmara Don Luigi Villa de Teilhard de Chardin- que casi todos sus discípulos fueron trasegando – con o sin soda, como el whisky o el fernet de sus "cenáculos", sin el mínimo y necesario discernimiento crítico. En honor a la verdad debemos nosotros sí, ya "excomulgados" y desde hace más de quince años fuera del "círculo áulico" de los "cinésofos", abordar con sentido crítico este ítem. No nos mueve otro propósito que esclarecer allí donde la oscuridad se aposenta, y nos resulta penoso, por cuestiones personales, el tener que hacerlo. Pero ante todo está la verdad, sin la cual, como afirmó Nuestro Señor, no seremos libres, y sí, por lo tanto, esclavos del error. Hay que luchar contra la corrupción del pensamiento operada por los pseudo-maestros que hoy son legión.

 Tenemos en cuenta, además, que en por lo menos seis reseñas sobre el mencionado libro de Faretta–ya se trate de periódicos o la Internet- ninguno de los comentaristas toma en consideración la mención de Teilhard de Chardin, más allá de si la

---

los cuales permanecen sumergidos en la más penosa confusión y –perdone el lector- el *boludeo*. Dedicamos todo un capítulo de nuestro libro "El mirar del cine" a analizar la teoría de Faretta llamada "El concepto del cine", que no es otra cosa que gnosticismo aplicado en el cine.

misma ofrece alguna clave de interpretación o no respecto al contenido del libro. La penuria de sentido crítico dejó pasar el detalle –es decir, el veneno. Si alguien pudo pensar que se trataba tan sólo de una cita aislada y desafortunada, creemos que su reiteración en diversos escritos –no de la cita sino del "pensamiento" teilhardiano- puede ser tomada, como lo hizo un periodista de Ñ de Clarín, como "una declaración de principios y una guía", aunque por cierto extremadamente confusa y propensa a crear confusiones. Otros repetidores son más ingenuos y más sentimentales, y por lo tanto, por no saber discriminar (dicho esto no en el bárbaro sentido de la neo-parla progresista), no llegan a ver el peligro que corren. Pero está claro que los desatinos a que Teilhard ha llevado a sus seguidores (para decirlo en analogía cinematográfica, y sin exageraciones, a la manera del Sutter Cane de "En la boca de la locura", pero con una posible salida feliz, si se la busca, no como en el desesperado film carpenteriano) son tanto perjudiciales cuanto impermeables a todo esclarecimiento, cuando las evidencias de una posible ruina espiritual se manifiestan por obra de la caridad al embarullado. Es precisamente esta cautividad teilhardiana la que sin dudas ha llevado a esta "corriente crítica" a aceptar sin más las supercherías de "Avatar", llegando a reunir un "coloquio sobre Avatar" que es el colmo de lo estrafalario. Como decía Chesterton "los intelectuales no son muy intelectuales".

Ahora bien, la confusión es tal, que Faretta, que representa la única corriente crítica original existente hoy, por lo menos en habla española, llega a creer que lo de Cameron es una especie de apostolado cristiano. Viniendo de alguien que acepta como católico a Teilhard, resulta coherente. Porque en primer lugar hace una asociación que no tiene mucho sentido entre Teilhard y el cine:

"Ya hemos hablado en otro lugar de la simultaneidad del surgimiento del concepto del cine y del pensamiento de Teilhard de Chardin, posiblemente debido a la fuente intelectual común de la cultura jesuítica. Barroco, contrarreforma, *"potlatch"*, exceso ritualizado, y hasta la misma invención de la linterna mágica por hombres de la Compañía"[66].

¿Teilhard tiene una fuente intelectual jesuítica, al igual que el cine? No, por el contrario, acá hay que decir lo siguiente. Después de la revolución de 1789 en Francia, el clero francés recibirá una educación tradicionalista y cartesiana en filosofía. La escolástica había caído en un total desprecio. Y fue gracias a la labor de la Compañía de Jesús, cuya "Ratio studiorum" legada por San Ignacio recordaba la obligación de enseñar en los seminarios el pensamiento tomista, que la escolástica volvió a cobrar importancia. Particularmente gracias a los Padres jesuitas que habían quedado habilitados en Rusia, cuando fueron perseguidos por los masones y cancelados en todas partes, y que luego por intrigas de los protestantes ingleses también fueron expulsados del Imperio ruso en 1808, siendo restablecidos en 1815 en todo el mundo por el papa Pío VII. Por el contrario, Teilhard desprecia la escolástica y es un modernista considerado uno de los "padres intelectuales" del nefasto concilio Vaticano II. De manera que entonces cabe preguntarse una vez más, ¿Teilhard les debe sus desvaríos a su formación jesuita, o sus desvaríos provienen de no haber seguido a la Compañía?

Luego, "teilhardianamente", en medio de un artículo por demás confuso sobre la película "Terminator: Destino oculto" (producida por Cameron), dice Faretta:

A: Mirá, hasta el creyente más limitado acepta que puede haber no vida, sino otro tipo de existencia. Porque hay que tener siempre presente que "vida" es la forma del Ser en la humanidad y en el planeta Tierra. Lo que se llama los grados múltiples del Ser. Pero una vez aceptado que el Creador puede haber creado otros mundos y existencias,

---

[66] http://www.asalallena.com.ar/faretta/biosfera-y-noosfera-en-el-cine/

¿se deduce necesariamente de allí, que tiene que haber ocurrido también eso que llamamos pecado original?

M: Claro que no.

A: Ahí tenés **Avatar**. Seguí.

M: Pero el Vaticano...

A: Dale con eso. ¿No estuvimos hace poco por allí?

M: Sí.

A: ¿Y qué vimos? ¿Miles de personas en estado de éxtasis, orando, de rodillas y demás?

M: No, miles de turistas chinos con sus celulares.

A: ¿Y allí fueron convertidos por una gracia infusa?

M: No, fueron para ver un museo.

A: Incluso la propia "San Pedro"

M: A misa seguro que no fueron.

A: Andá a saber, los jesuitas estaban a punto de hacer millones de conversos en China, hasta que los echaron; y no por culpa de los iluministas, sino de las otras órdenes que les tenían envidia...

M: Y entonces...

A: Tal vez lo que no pudo conseguir el padre Mateo Ricci tal vez lo pueda Michelangelo...o Cameron..."[67]

Lo que acabamos de leer es otro inmenso desatino. Cameron no es un apóstol de la fe, en todo caso sí es un apóstol de la fe en el desarrollo sustentable, el ecologisnmo y el veganismo, y uno puede encontrar entrevistas donde aparece como en actitud religiosa respecto de ese tema. Pero ¿de dónde y por qué

---

[67] https://www.asalallena.com.ar/cine/critica-terminator-destino-oculto-terminator-dark-fate-angel-faretta/

estas confusiones? Es claro, de la rebeldía y afán de independencia, porque cuando la Iglesia con fundadas razones manda y establece, por ej. en el decreto del Santo Oficio del 6 de diciembre de 1957, que "los libros del Padre Teilhard de Chardin deben ser retirados de las bibliotecas de los Seminarios y de Instituciones religiosas; no pueden ser puestos a la venta en Librerías Católicas y no es lícito traducirlas a otras lenguas", y afirma en el Monitum o Advertencia del Santo Oficio del 30 de junio de 1962: "Advertencia: ciertas obras, incluso póstumas del Padre Teilhard de Chardin se conocen y difunden con un éxito que no es pequeño. Sin juzgar lo que concierne a las ciencias positivas está suficientemente de manifiesto que en materia filosófica y teológica tales obras están llenas de ambigüedades o más bien, de graves errores que atentan a la doctrina católica", entonces se debe obedecer y no proponerse enseñar lo que es, a la simple luz del sentido común, un delirio. ¿Y cómo termina eso? La teología-evolutiva gnóstica de Teilhard, le da al Mundo una veneración suprema. En 1934, en su obra *Comment je crois* confesaba: «si se diera el caso de que yo sufriera una revolución interior, si llegara yo a perder sucesivamente mi fe en Cristo, mi fe en un Dios personal, mi fe en el Espíritu, pienso que continuaría creyendo en el Mundo. El Mundo (el valor, la infalibilidad y la bondad del Mundo), tal es, en último análisis, la primera y la única cosa en la que yo creo».

Finalicemos como las palabras de la Sabiduría: "*Nadie se engañe a sí mismo. Si alguno entre vosotros cree ser sabio en este siglo, hágase necio para hacerse sabio. Porque la sabiduría de este mundo es necedad para Dios. Pues escrito está: "Él prende a los sabios en su misma astucia". Y otra vez: "El Señor conoce los razonamiento de los sabios, que son vanos*" (I Cor. 3, 18-19).

AVATARES DE FARETTA

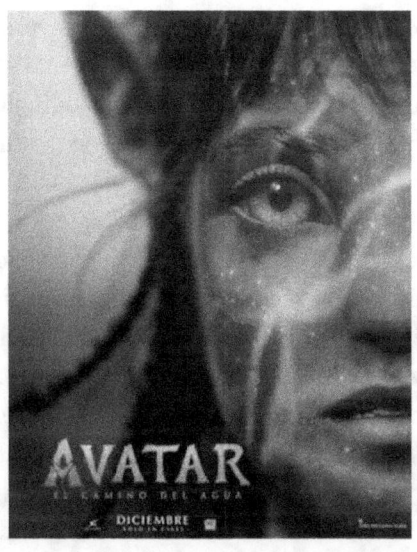

"Ahora cuesta abajo en mi rodada
Las ilusiones pasadas
Ya no las puedo arrancar"

Alfredo Le Pera

(Artículo aparecido en el blog de Ediciones Reacción el 29 de diciembre de 2022)

El estreno de la segunda parte de **Avatar** ha suscitado algo que nos mueve a volcarnos otra vez, como ya hicimos en varios otros escritos, ya sea en libros o blogs, en el género que podemos denominar "corrección fraterna". O, si se quiere, "correctivo". Género que no hace sino, indirectamente, poner en evidencia cómo la –perdónese la teilhardiana expresión- "webósfera" alberga una cantidad creciente de intelectuales que aparecen presentados o auto-expuestos como maestros, de un extremo al otro del arco de las ideas. Muchos de ellos son, ¡ay!, argentinos. Y, sí, es nuestro problema. Así nos va. Porque no son maestros sino simplemente pseudo-maestros, confundidos y confundidores. De algunos de ellos nos hemos podido ocupar en nuestros libros, especialmente en lo que tiene que ver con el gnosticismo. También pululan los católicos conservadores o de derecha (la "nueva derecha" se hacen llamar), que intentan una conciliación o asociación con el liberalismo, o con ciertos liberales amigos suyos, para hacer frente al progresismo. Un sinsentido, aunque quienes lo planteen sean reputados licenciados, filósofos, politólogos, doctores y otros reconocidos *influencers* y *youtubers* con mucha propaganda en Internet. Se habla de hacer una "batalla cultural" pero se trata más bien de una "batallita" sin profundas consecuencias. Sin Dios todo es vano. Sin Cristo reinando en la sociedad reina el espíritu anticristiano.

Pero vamos a lo nuestro.

Resulta por demás sorprendente que el platonísimo, el pitagórico, el schopenhaueriano, el theilhardista Ángel Faretta encabece su crítica de la nueva **Avatar** [68] citando a Aristóteles, filósofo al que no es, precisamente, afecto. Lo hace mencionando su famoso dicho: "Amigo de Platón, pero más amigo de la verdad". Pero, ¿hasta qué punto es "amigo de la verdad"? Veremos enseguida que no es tan así.

---

[68] https://asalallena.com.ar/avatar-el-camino-del-agua-avatar-the-way-of-water/

"Agua que no has de beber, déjala correr" dice el refrán. Dejaremos correr el agua de la nueva **Avatar**, pero indudablemente las ideas que sostiene Cameron son las que están salpicando hoy al mundo entero, por eso le damos alguna atención. Ángel se muestra muy disgustado –el grado de su ironía lo prueba- con la segunda parte de **Avatar**. Así de mala ha de ser sin dudas, cosa que no pretendemos comprobar exponiéndonos a la idiota hipnosis colectiva de la pantalla azul, cuando ya sufrimos su primera parte allá lejos y hace tiempo, y a la cual le dedicamos un pequeño libro.[69]

Ante una "sala llena", dice A.F. entre otras cosas:

"Siendo mágico [Cameron] pobló a su mundo ficticio de simplezas ecologistas ya más que repetidas. Buscó ser un Julio Verne, pero quedó más cerca de Greta Thurnberg; la de trencitas, que ama el medio ambiente y los pajaritos".

También escribe que

"Nos inunda de todos los ripios ambientalistas y progresistas que circulan por Occidente desde hace más de medio siglo".

Por si fuera poco, **Avatar 2**

"Más que diálogos tiene consignas. Sería de interés contar las veces que dicen la palabra "brother" (a veces apocopada en "bro"), con lo que intenta convencernos del valor de la fraternidad".

Etcétera.

El problema es que A.F. aporrea esta película porque no estaría a la altura del "punto Omega" (hace tres veces mención de esta

---

[69] https://www.amazon.com/AVATAR-gn%C3%B3stico-anticristiano-Cameron-Spanish/dp/B0BL9ZLYBH

expresión teilharchardiana en su breve crítica) que habría alcanzado antes Cameron. O sea, Cameron llegó a la cima, y eso lo mareó y terminó cayendo de su genialidad a la ramplonería que ejecuta en su nuevo y tan difundido opus.

A.F. deplora el esoterismo aparatoso, obvio y ATP (Apto para todo público) de Cameron, porque preferiría un esoterismo – como su nombre lo indica- soterrado, sigiloso, encubierto, sólo a ser descubierto por entendidos como él, experto en tradición hermética. Por eso dice en su crítica que "la obra de James Cameron pintaba para ser un compañera de ruta de Mircea Eliade; pero ahora parece más cerca de Paolo Coelho".

Pero lo que no entiende A.F. es que las dos vertientes o modos de operar, el esotérico y el exotérico, están en Cameron. A.F. ve sólo la cáscara azulada y no el núcleo podrido que se esconde en la "cosmovisión" de Cameron. Sigue sin entender lo que Cameron ha hecho en todo su cine anterior, con el cual esta película de ahora es totalmente coherente. **Avatar**, hablando en su conjunto como concepto que propone ya desde su primera parte, es la cumbre del pensamiento gnóstico cameroniano. Tiene que hacerlo cada vez más obvio porque tiene que cumplir con la Agenda a la cual responde, una Agenda global (2030) que busca penetrar de cualquier modo en los cerebros de las masas. Por lo tanto debemos hacer uso, acá sí y no en otra parte, de la famosa "hermenéutica de la continuidad". No hay ruptura de Cameron con su anterior obra. Decimos esto sabiendo las puertas que ha abierto Cameron con **Avatar** y sobre todo viendo su labor pública en pro de la Agenda del "Nuevo Orden Mundial".[70]

---

[70] Si se trata, pues, de hacer también una exégesis de la obra de Faretta, creemos que conviene llamar a las cosas por su nombre, así conviene rebautizar sus libros: *El concepto gnóstico del cine*, *Demonio evidente*, *Hitchcock de sobra*, *La pasión chanta*, *La infatuación de la melancolía*, etc. No hay allí un recto concepto de Tradición, como se pretende.

Pero para llegar a entender eso Faretta tendría que hacer una autocrítica que no llega a hacer.

Porque si afirma ahora que

"Ya en **Avatar**, los detentadores del Bien eran algo elementales, puesto que no eran más que copias manufacturadas en las usinas de la bondad verde; fatalmente el Mal necesario que debe oponerse, resultó tan trivial como sus bondadosos pandorianos. Militarotes gritones, llenos de cuero y con cabelleras rasadas; siempre con cara de padecer hemorroides. Lo que mi tía Carlota llama todavía "fachos""

y que

"Sin duda la primera parte de esta saga -si bien ya estaba algo salpicada de lugares comunes-, nos "conformó". Porque había -o posiblemente creímos que había-, algo, un poco de esa vieja música anterior con sus ritos de iniciación y sus axis mundi todavía operativos, aunque un tanto sazonada de floripondios botánicos e ictícolas; variaciones de las hadas y los elfos de las nurseries victorianas",

en realidad cuando la primera parte de Avatar A.F. fue de los más entusiastas y fervorosos defensores de la película, no sólo se "conformó" (sin comillas) sino que llegó incluso a realizar un coloquio con sus incondicionales alumnos de entonces, para exaltar con su característica vehemencia italiana el engendro azul a la vez que vituperar a todo aquel que osare criticar la película. Algo de eso mencionamos en nuestro libro sobre **Avatar**. Nunca hizo una crítica ni dijo las cosas que dice ahora. Jamás.

En "**El mirar del cine**" explicamos largamente por qué. Ya que estamos sugerimos el título de su próximo opus: "El mito y la condria", una especie de filosofía de arrabal amargo.

Pero, por si fuera poco, A.F. dice (ahora, al fin, se da cuenta):

"*Otrosí. A pesar del uso diestro y operativo de la simbólica religiosa en sus obras anteriores, Cameron se declara ateo; como se ha encargado de señalarlo de manera puntual y con suficiencia. Perfecto. Es cosa suya. La libertad es libre y etc. etc.*

Ahora bien, si se es ateo, uno debe conformarse y prepararse a vivir según tal deriva. "Arreglárselas solo", como dijo Bioy. Pero no inventarse una seudo religión tachonada de chafalonías "místicas", fabricada a escala de sus necesidades.

Una espiritualidad que en este caso no es forjada por ningún trance existencial sino por una computadora".

Lo interesante es que en las últimas décadas A.F. ha venido proponiendo una interpretación cristiana del cine de Cameron, y resulta que "ahora" se entera de que es ateo, cuando, como ya señalamos en nuestro libro, Cameron ha hecho un cine anticristiano desde el vamos, y probablemente sea un miembro de la masonería. Lo de que hizo un "uso diestro y operativo de la simbólica religiosa en sus obras anteriores" no es cierto, sino que, como lo señalamos en nuestras críticas y en nuestro libro, Cameron es anticristiano. La suya no es una inofensiva película de animación, sino que Cameron está del bando de los enemigos de Dios. Es por eso que apoya abiertamente y recomienda las obras del "intelectual" que promueve el Foro Económico Mundial, el siniestro transhumanista homosexual israelí Yuval Noah Harari

---

[71] Algunas pistas sobre este personaje: https://www.unz.com/article/the-outrageous-statements-of-jewish-israeli-homosexual-transhumanist-vegan-yuval-noah-harari/.

Cameron, como dice Faretta, "intenta convencernos del valor de la fraternidad", pero lo hace de consuno con la Agenda 2030 de la ONU, el Foro de Davos y el Vaticano modernista, que pretenden imponer un futuro diabólico: el transhumanismo de una élite infestada de panteísmo cuyo fin final es la consecución, al fin, del tantas veces fracasado Comunismo. En el horizonte de esta gente aparece el Anticristo, ya figurado, como hemos señalado, en la primera parte de **Avatar**. La "crisis climática" es una farsa ya denunciada por numerosos verdaderos científicos [72], pero Cameron promueve el veganismo y otras tonterías para "crear conciencia" de que estamos dañando el mundo que es una parte de nosotros mismos, es decir, de la misma sustancia divina. ¿Alguien cree, por ejemplo, que el culto de la "Pachamama" instalado en el Vaticano no forma parte de esta Agenda que entre otras cosas promueve la despoblación mundial, con la excusa de que estamos dañando "la casa común"?

Celebramos que Faretta se dé cuenta que *"Avatar: El camino del agua contiene casi todos los flatus vocis que desbordan los manuales de autoayuda, ejercicios respiratorios, yoga improvisado, y terapias alternativas. Es de lamentar que se haya olvidado de las flores de Bach"*, como afirma. Pero lamentamos que siga sin ser un "amigo de la verdad", como cree o por lo menos declara. Recientemente pudimos comprobar su alejamiento de la verdad en dos ocasiones.

Primeramente, en un video[73] donde se confiesa favorable a la idea de la reencarnación (¡¡¡!!!), a la que llama *metempsicosis*

También aquí un interesante artículo sobre Teilhard de Chardin como "padre del transhumanismo": https://www.sisinono.org/anteprime-dei-numeri-in-abbonamento/72-anno-2022/419-30-novembre-2022.html
[72] Aquí un esclarecedor artículo: https://www.fpcs.es/frio-polar-en-eeuu-calentamiento-global/#_ftn16
[73] https://www.youtube.com/watch?v=-L22abG1g9Y

para no parecer tan groseramente vulgar, pero que se trata de la misma superchería, véase en este mismo blog el artículo que publicamos de aquel gran especialista en el gnosticismo que fue Jean Vaquié. Y, como si fuera poco, A.F. quiere que la Iglesia católica lo incorpore a su doctrina (¡¡¡!!!). De manera que ya no sólo se ha ubicado en la heterodoxia, sino mismo en la herejía (recordemos una vez más su constante citación del ultra-modernista masón Teilhard de Chardin). Además, apoyando la metempsicosis está coincidiendo con lo que postula Cameron en **Avatar**, aunque a Faretta *ahora* no le guste. El que es coherente con su pensamiento es Cameron, y no Faretta, que *ahora* se niega a ver en la pantalla (en 3D y color azulado) en qué va a parar esa monstruosa confusión intelectual. Pero eso ya se está viendo en aberraciones espantosas incluso en la realidad y no sólo en la pantalla de los cines.

Segundamente, en otro video[74], al comentar de su lejana estadía en Italia, confiesa su simpatía por el Partido Comunista italiano, porque el pecado del partido comunista italiano habría sido el estalinismo pero en cambio su virtud era que fue gramsciano (siempre además manifiesta apego hacia ese nefasto personaje que fue Antonio Gramsci)[75], y eso le satisface; afirma además que el problema sería la "desmarxistización" o pérdida de la identidad tradicional del partido comunista italiano, convertido en "progresismo". Desde luego que deploramos y fustigamos cuanto podemos el progresismo, pero su contrario o antídoto no es la "ortodoxia marxista" o el "gramscismo", por supuesto. Por otra parte, cualquier católico normal sabe que el comunismo es

---

[74] https://www.youtube.com/watch?v=I0w3W_I_2to
[75] Es provechoso leer esta conferencia del Padre Alfredo Sáenz sobre Gramsci:https://es.scribd.com/document/513672327/Antonio-GRAMSCI-y-La-Revolucion-Cultural-Padre-Alfredo-SAENZ Aquí una exposición en video:
https://www.youtube.com/watch?v=nU2jVGAR2kw

el más acérrimo enemigo de Cristo y que la Iglesia lo fulminó con su condena considerándolo "intrínsecamente perverso" (sin hacer diferenciaciones entre el comunismo de Marx, de Stalin, de Mao, de Gramsci o de Peppone). A continuación, califica de "ultraortodoxa" a la escritora Cristina Campo porque por aquel entonces, hacia el final de su vida, había simpatizado con Monseñor Lefebvre, y se apresura a declarar Faretta: "no es mi caso". No sólo ya nos dimos cuenta que "no es su caso", pregonando tantas heterodoxias, sino que al usar el prefijo "ultra" tan caro a los periodistas progres para denigrar a los que son simplemente católicos fieles y perfectamente ortodoxos, demuestra la influencia del mismo progresismo en su expresión y *pensée*. Aunque, luego de todo lo dicho, de su apoyo al comunismo, etc., por las dudas cree necesario hacer su declaración de que "soy bastante ortodoxo no sólo en cuanto al dogma sino también al ritual", lo cual, desgraciadamente, tampoco es cierto, ni en lo uno ni en lo otro.

Rezaremos para que Faretta regrese a la verdadera fe católica, al pensamiento que se corresponde con la verdad. Mientras tanto, hablamos.

A.M.D.G.

*"Ave María Purísima,
Sin pecado concebida"*

OTROS LIBROS DEL AUTOR:

LA PASIÓN DE CRISTO DE MEL GIBSON. EL TRIUNFO DE LA CRUZ (Ensayo, 2004. Ediciones Reacción 2023)

APOCALYPTO, DE MEL GIBSON. LA BUENA NUEVA (Crítica de cine, 2007. Ediciones Reacción 2023)

CUENTOS PEQUEÑOS (Cuentos, Editorial Dunken, Buenos Aires, 2011, postfacio de Aníbal D'Ángelo Rodríguez)

EL LIBRO NEGRO DEL PERIODISMO (Ensayo, Bella Vista Ediciones, Buenos Aires, 2012, prólogo de Antonio Caponnetto)

VÉRTIGO, DE ALFRED HITCHCOCK. EL ENIGMA VERTICAL (Ensayo, autoreseditores, Bogotá, 2019; 2da. Edición Ediciones Reacción, 2022)

LAS AVES DEL CIELO (Poemas)

ALMA EN VIGILIA. AFORISMOS REACCIONARIOS (Aforismos, prólogo de Antonio Caponnetto, Ed. Reacción 2023)

NUEVOS AFORISMOS REACCIONARIOS (Aforismos, Ed. Reacción, 2022)

ULTIMOS AFORISMOS REACCIONARIOS (Aforismos, Ed. Reacción 2023)

FÁTIMA Y RUSIA, parte 1 y 2 (Historia y Religión, Ediciones Reacción, 2022)

AGENDA FÁTIMA (Artículos de religión, Ed. Reacción, 2022)

VIDEOTECA REDUCO. CRÍTICAS Y MICRO CRÍTICAS (Ed. Reacción, 2022)

LO ESENCIAL DE ALFRED HITCHCOCK (Crítica de cine, Ed. Reacción, 2022)

BARRIO GRIS. EL CARNAVAL DE ALMAS DE MARIO SOFFICI (Crítica de cine, Ed. Reacción, 2022)

A TRAVÉS DE LA BIBLIA. LOS COMENTARIOS BÍBLICOS DE MONS. JUAN STRAUBINGER (Exégesis bíblica, Ed. Reacción 2024)

BLOGS:

VIDEOTECA REDUCO

www.videotecareduco.blogspot.com.ar

EL EMBOSCADO

www.encuentroenelbosque.blogspot.mx/

EL ROCK'N'ROLL en la revolución anticristiana

www.sobreelrockandroll.blogspot.com.ar/

SYLLABUS

www.syllabus-errorum.blogspot.com

AGENDA FATIMA

www.agendafatima.blogspot.com

EDICIONES REACCION

www.edicionesreaccion.blogspot.com

www.ingramcontent.com/pod-product-compliance
Lightning Source LLC
Chambersburg PA
CBHW071413210526
45465CB00001B/360